josep maria montaner

Arquitetura e crítica na América Latina

rgBOLSO**8**
Arquitetura e crítica na América Latina JOSEP MARIA MONTANER
Tradução FLÁVIO CODDOU
Preparação e revisão de texto ABILIO GUERRA
Projeto gráfico da coleção e diagramação ESTAÇÃO
Desenhos da capa LUCIA KOCH
Gráfica PANCROM
Coordenação editorial ABILIO GUERRA E SILVANA ROMANO SANTOS
Edição original MONTANER, JOSEP MARIA. ARQUITECTURA Y CRÍTICA EN LATINOAMÉRICA. BUENOS AIRES, ARGENTINA, NOBUKO, 2011.
ISBN 978-987-584-313-4

Esta obra foi publicada com subvenção da direção geral do livro, arquivos e bibliotecas do Ministério da Cultura da Espanha

josep maria montaner

Arquitetura e crítica na América Latina

rgBOLSO8

Direitos para esta edição
Romano Guerra Editora
Rua General Jardim 645 conj. 31 – Vila Buarque
01223-011 São Paulo SP Brasil
Tel: (11) 3255.9535
E-mail: rg@romanoguerra.com.br
Website: www.romanoguerra.com.br
Printed in Brazil 2014
Foi feito o depósito legal

Montaner, Josep Maria
M764a Arquitetura e critica na América Latina / Josep Maria Montaner ; tradução
Flávio Coddou. -- São Paulo : Romano Guerra, 2014.
212 p. : (Coleção RG bolso ; 8)

ISBN: 978-85-88585-21-8 (Coleção)
ISBN 978-85-88585-44-7 (volume 8)

1.Arquitetura moderna - Crítica - América Latina
2.Arquitetos - Crítica e interpretação - América Latina
3.História da arquitetura - América Latina
I.Coddou, Flávio, trad. II.Título III. Série

CDD - 720.1

Serviço de Biblioteca e Informação da Faculdade de Arquitetura e Urbanismo da USP

Dedicado aos muitos amigos e amigas latino-americanos que, generosamente, me acompanharam no conhecimento de porções preciosas de seu continente; começando pela minha mulher, de origem argentina.

Agradecimentos

Este livro é o resultado do curso "Crítica de Arquitetura na América Latina", iniciado no ano letivo de 1998-1999, paralelo à Bienal Ibero-americana de Engenharia e Arquitetura realizada em Madri em 1998, e finalizado na edição de 2009-2010. A matéria foi lecionada no mestrado e doutorado do Departamento de Composição Arquitetônica da Escola Técnica Superior de Arquitetura de Barcelona e foi em grande parte complementada pelos cursos de Fernando Álvarez, dedicados à arquitetura na América Latina.

Sem dúvida foi essa experiência do curso e a apresentação dos trabalhos dos alunos que decantou este texto e acabou acrescentando novos autores, como Luis Miró Quesada, Alberto T. Arai ou Juan Borchers, propostos pelos próprios estudantes peruanos, mexicanos e chilenos, respectivamente.

Todo o conteúdo desse curso foi testado na Faculdade de Arquitetura da Universidade de Mendoza, no fim de 2010, dentro do curso de doutorado coordenado por Alejandra Sella, a quem agradeço enormemente por seu convite e generosidade. Essa intervenção no doutorado serviu para passar a limpo estas anotações e trazer novas ideias, especialmente acrescidas na conclusão. Nesse sentido, agradeço as intervenções dos estudantes de doutorado, especialmente a contribuição de Stella López Frasca, de Mendoza, e de Carlos Pizoni, de Córdoba.

Sem dúvida, além da contribuição dos estudantes que passaram pelo Departamento de Composição ao longo desses doze anos letivos, o texto ainda reúne ideias e sugestões de Marina Waisman, César Naselli e Franco Marigliano da Argentina, Shariff Kahatt do Peru, Carlos Eduardo Comas e Cláudia Cabral do Brasil, e muitas ideias discutidas com Zaida Muxí.

Na redação e revisão do livro contei com a colaboração de Rita Montaner, socióloga, e Roser Casanovas, arquiteta.

Agradeço, finalmente, os editores: Guillermo Kliczkowsky por seus comentários tão valiosos e por ter incluído esse livro em sua editora Nobuko, de Buenos Aires; e Abilio Guerra e Flavio Coddou, do portal Vitruvius, por publicar o livro em versão portuguesa na coleção de bolso da Romano Guerra Editora.

apresentação

CRÍTICA E CONCEITOS

Esse texto rastreia, em linhas gerais, as linhas de pensamento da crítica da arquitetura no contexto latino-americano, com ênfase em alguns dos autores e autoras mais representativos, rastreando como ocorreu a legitimação da arquitetura moderna em cada país, em relação às propostas europeias e norte-americanas, e, mais tarde, como se consolidou a construção da história e das posições teóricas; e como, após a chegada da arquitetura moderna, ocorreu a sua evolução e superação.

É fato que a interpretação da crítica e da teoria da arquitetura na América Latina é um objetivo inalcançável. Aqui somente pretendemos apontar algumas direções, revelar alguns sintomas, enfatizar algumas interpretações, destacar algumas teorias, resgatar alguns autores e analisar uma série de livros.

Trata-se de uma interpretação feita a partir da Europa, baseada no conhecimento da realidade cultural, artística, arquitetônica e urbana de uma grande parte da América Latina, embora realizada, de fato, a partir de um olhar europeu. A base do livro é um diálogo apaixonante entre as culturas americana e europeia.

No momento de estruturar dentro de um livro, e face aos três critérios diferentes para elaborar a construção da crítica – ou seja, o critério cronológico ou diacrônico, o critério espacial, por países e contextos, e o critério de posicionamento interpretativo –, escolhemos uma solução híbrida: três períodos, e dentro de cada período um aporte predominantemente por países e posições, que se compartimenta em sete capítulos.

Entre os três períodos gerais em que o trabalho está dividido encontram-se, em primeiro lugar, os pioneiros da arquitetura moderna e as primeiras interpretações teóricas, período que vai de 1925, ano em que Gregori Warchavchik publica no Brasil seu ensaio *Sobre a arquitetura moderna*, até 1969, aproximadamente, quando se realizam grandes mudanças econômicas, sociais e culturais, tanto no contexto geral como nas condições latino-americanas. Obviamente, há períodos que não serão tratados neste livro, como por exemplo a arquitetura eclética do século 19 ou as primeiras décadas do século 20, nas quais são criadas as primeiras escolas de arquitetura, como as de Córdoba e Santa Fé na Argentina, fundadas em 1924. Nas primeiras décadas do século 20, a profissão do arquiteto iniciou um lento processo de definição de seus limites, diferenciando-se de outras atividades técnicas, especialmente a engenharia. No Brasil, ao contrário, o ensino da arquitetura surgiu da tradição das Belas Artes.

O segundo período é o da consolidação da primeira geração de críticos latino-americanos, como Marina Waisman, nos anos 1970. Se no primeiro período predominam interpretações de cunho internacional e o argumento básico é a defesa da arquitetura moderna, no segundo se consolidam interpretações próprias, defende-se o regionalismo e temos a criação dos Seminários de Arquitetura Latino-americana – SAL durante a primeira Bienal de Arquitetura de Buenos Aires.

E um terceiro período se desdobraria nos anos 1980 e início dos 1990, quando começam a ser publicados e a ter um peso decisivo os textos de autores de outras gerações, como Enrique Browne, Cristián Fernández Cox, Jorge Francisco Liernur, Roberto Fernández, Fernando Díez, Elio Martuccelli, Edson Mahfuz, Ruth Verde Zein, Carlos Eduardo Comas, Hugo Segawa, Silvia Arango ou Alberto Saldarriaga. Essa eclosão e consolidação das interpretações contemporâneas constituiria o período vigente atualmente.

Essas três partes se desenvolverão em sete capítulos nos quais, tendo em conta esses três períodos – eclosão da arquitetura e urbanismo modernos, consolidação da teoria na América Latina e correntes contemporâneas cosmopolitas –, se agruparão as interpretações por países.

Esse texto, totalmente novo e inédito, constitui uma continuação do livro *Arquitectura y Crítica*, publicado em castelhano em 1999 pela Editora Gustavo Gili, e revisado, ampliado e traduzido ao português em 2007. De fato, ambos livros se complementam e este cobre uma lacuna e uma dívida por conta do alto valor da crítica na América Latina. Esse livro, além disso, está complementado por um anexo pensado para aumentar seu valor útil e didático: o comentário sobre os 21 livros considerados mais significativos. A escolha dos textos mais influentes regeu essa seleção, com uma certa afinidade com aqueles menos acadêmicos e ortodoxos, aqueles que têm um horizonte mais democrático e social, e aqueles em que predomine um olhar cosmopolita e aberto ao mundo, longe das restrições dos regionalismos e nacionalismos.

Introdução à problemática da crítica

Em primeiro lugar, é evidente que o contexto da crítica é aquele da geografia da democracia, o dos territórios da liberdade. Basta ver quais os lugares que desenvolveram essas tradições críticas ou onde estão localizados os grandes museus e as grandes editoras do universo artístico. Nenhum país, sem um processo democrático vital e consolidado, pode aspirar à geração de uma proposta relevante no campo da crítica artística. Diante de situações que levam à redução da liberdade, os núcleos da crítica migram buscando continuidade em países com uma base democrática sólida. Por esse motivo Fritz Saxl e Edgar Wind desmontaram a grande biblioteca criada por Aby Warburg em Hamburgo, justamente quando se iniciava a ascensão do nazismo, fundando o Warburg Institute em Londres; semelhante aos arquivos do Congrès Internationaux d'Architecture Moderne – Ciam, que durante a Segunda Guerra Mundial foi levado aos Estados Unidos. Isso também se reflete na América Latina: as melhores tradições críticas estão nos países onde, apesar do drama das ditaduras sofridas por alguns deles, têm uma estrutura democrática: Argentina, Brasil, Chile e México.

História, crítica e teoria se complementam e são, ao mesmo tempo, totalmente diferentes em seus métodos e objetivos. A história trabalha sobre documentos do passado para reconstruir e reinterpretar os fatos. A crítica enfrenta a obra contemporânea, em seu momento e contexto, para explicá-la. A teoria constitui a elaboração conceitual mais alta, é excepcional e não pode ser realizada sem o conhecimento da história, nem

1. Ver MONTANER, Josep Maria. *Arquitetura e crítica*. Barcelona, Gustavo Gili, 2007.

pode ser sustentada se não for analisada através da crítica. De todo modo, atrás de toda crítica, deve haver, para que seja consistente, uma teoria. Devemos ainda acrescentar que a crítica, a teoria e a história, apesar de utilizar métodos diferentes e ter objetivos próprios, bebem da mesma fonte; assim como observou Benedetto Croce, são inseparáveis. A história sempre deve ser contemporânea, sem poder separar-se de sua identidade crítica, da interpretação e juízo de valores estéticos. Nesse sentido, é evidente que na cultura latina (no âmbito do Mediterrâneo e América Latina) predominaram autores ao mesmo tempo dedicados à crítica e à história, enquanto nas culturas centro-europeias e nórdicas (especialmente na Alemanha e Inglaterra, incluindo Madri), o trabalho da crítica se dissociou claramente da história.[1]

Para o estudo dos fenômenos arquitetônicos e urbanos é imprescindível, do ponto de vista do método, levar em conta a cultura arquitetônica em três âmbitos:

– o ensino; ou seja, conhecer as diferentes tradições das escolas e faculdades de arquitetura; sua evolução das engenharias ou das belas artes até as escolas de arquitetura; seus fundadores e teóricos mais importantes; suas ideias, métodos e planos de estudo;

– a divulgação: ou seja, o mundo editorial e as revistas de arquitetura, arte e cultura. O mundo editorial foi muito importante na Argentina (com editoras como Nueva Visión, Poseidón, Summa ou Nobuko) e também se estendeu ao México,

2. Ver FERNÁNDEZ, Roberto. *La ilusión proyectual. Una historia de la arquitectura argentina 1955-1995*. Mar del Plata, Facultad de Arquitectura, Urbanismo y Diseño, Universidad Nacional de Mar del Plata, 1996.

Venezuela, Brasil e Colômbia. Isso é essencial para a divulgação da cultura arquitetônica;

– o pensamento: ou seja, a transmissão de ideias através das posições teóricas usando meios de expressão e divulgação diferentes.

Além disso, podemos considerar outros tipos de instrumentos influentes, como as associações profissionais, em certos casos.[2]

Conceitos básicos para uma crítica de arquitetura na América Latina

Entre os textos que podemos destacar como referência para entender os conceitos fundamentais da cultura, arte e arquitetura na América Latina, existem dois que são especialmente amplos: *La invención de América* (1958), do mexicano Edmundo O'Gorman, e *El laboratorio americano* (1998), do argentino Roberto Fernández.

Por um lado, Edmundo O'Gorman interpreta o descobrimento da América como invenção necessária para a cultura europeia, como experiência fundamental dentro do pensamento humanista do Renascimento e como terra do outro que tenta se conformar à imagem e semelhança de seu inventor. Ao mesmo tempo, essa nova Europa que se estendia pela América, essa terra do devir e da liberdade, fez com que a cultura europeia se modernizasse radicalmente, transformasse seus esquemas mentais e adaptasse seu modelo de mundo às novas circunstâncias.

Por outro lado, Roberto Fernández interpreta a América como laboratório dos diferentes sistemas políticos e econômicos, urbanos e estéticos que se sucederam. A América como lugar persistente onde poderiam ser aplicadas as utopias surgidas na Europa e como laboratório no qual, sem descanço, se hibridizam a modernidade ecumênica que continua a ser importada e a própria cultura pré-colombiana, que sempre ressurge. Processo que resulta em conflitos, porém também capaz de potencializar uma modernidade latino-americana própria e peculiar.

Poderíamos apontar muitas questões relacionadas ao substrato cultural e à divulgação histórica das diversas culturas na América. O legado linguístico e a implantação de algumas simbologias religiosas fazem parte desse substrato. Existem também tradições comuns em relação ao espaço urbano, definidas pela Lei das Índias – a quadrícula, a rua e a praça, o pátio e o claustro, o mercado e as galerias – e ao uso de certas estruturas e tipologias arquitetônicas que atualmente se misturaram com outras procedentes da aldeia global.

É importante ressaltar que na América Latina, o humanismo e o realismo que tinham se desenvolvido na Europa em meados do século 20, com o existencialismo e a fenomenologia, continuam tendo uma força e vigência muito fortes. As sociedades com grandes desigualdades sociais, com setores muito ricos e vastos setores muito pobres, potencializaram a aparição de uma maior sensibilidade em relação ao humanismo e ao realismo face às necessidades humanas urgentes e a promessa de sociedades mais justas e sustentáveis. Nesse sentido, enquanto na velha Europa perdeu-se a capacidade de gerar líderes sociais, na América Latina ocorre todo tipo de experiência política: os políticos populistas e a geração de novos líderes e movimentos sociais, especialmente em países como o Brasil ou Colômbia, onde suas cidades têm desenvolvido experimentos urbanos exemplares.

É importante insistir sobre o ponto de vista dessa interpretação: uma visão a partir da Europa, que, apesar da empatia e conhecimento que se tenha sobre a América Latina, não deixa de se basear a partir da perspectiva europeia sobre a América. Para a construção dessas pautas sobre a crítica da arquitetura latino-americana partimos de cinco conceitos: natureza, cidade, patrimônio, casa e tecnologia, que serão temas recorrentes nos autores e autoras que analisaremos.

1. A natureza como paisagem

Destacam-se, em primeiro lugar, as características especiais das questões relacionadas com a escala do meio-ambiente e do território. Não podemos esquecer que, a partir da Europa, a América foi visualizada historicamente como reserva de natureza. É a partir desse ponto de vista que a América Latina evoca críticas e elogios. As grandes obras de infraestruturas e o tipo de consumo do território que ocorre em cada país são criticáveis. A América é determinante por causa das contribuições extremas, tanto positivas como negativas, realizadas a nível planetário. As emissões de dióxido de carbono de suas megalópoles correm o risco de desequilibrar a contribuição de suas reservas naturais. Não podemos esquecer que a América foi pioneira em preservar reservas naturais e propor o "sistema de parques", invenção de Olmsted. Nesse sentido, seria importante destacar aquelas cidades, como Curitiba no Brasil, onde se implantaram projeto modelo para enfrentar os desafios ecológicos de modo sistêmico, com imaginação e continuidade.

Ao longo de todo o século, a paisagem foi determinante para uma boa parte da arquitetura e urbanismo americanos. A escala, a qualidade e biodiversidade das paisagens formadas por vulcões, florestas e mananciais, rios, parques naturais, cordilheiras, planícies, desertos, recifes de corais e ilhas caracterizaram a realidade meio-ambiental do continente. A paisagem foi determinante na implantação de cidades como Rio de Janeiro, La Paz, Bogotá, Medellín, Quito, Cuzco, Santiago do Chile ou Caracas, altamente caracterizadas por seus lugares de fundação. Nesse aspecto, tem sentido a escolha do Rio de Janeiro como sede da Eco-92.

Portanto a importância da paisagem é um dos fenômenos que caracterizam a América, e assim a Europa a conceituou: representa a sobrevivência de uma natureza que, do outro lado do oceano, a Europa acabou sacrificando motivada pela revolução industrial. A América, lugar da busca pela fortuna, albergue de exilados e território de exploração de utopias, converte-se, a partir do olhar europeu, no laboratório americano. É também o lugar da excentricidade, da descentralização: é a periferia possível e almejada.

E não é por acaso que depois do paisagismo inglês do século 18 e das derivações até o classicismo da paisagem francesa de raiz mediterrânea no princípio do século 20, o maior paisagista do século passado tenha sido o brasileiro Roberto Burle Marx. Com uma formação de pintor e botânico, Burle Marx foi o autor de muitos jardins particulares e parques públicos, como o Jardim Monteiro (1948) ou o Parque do Flamengo (1961-1965). Em seus trabalhos sintetizava a abstração moderna presente nas obras de Jean Arp ou Joan Miró com a visão total da floresta, similar às formas de dedos e amebas dos ecossistemas. Burle Marx tinha como centro de trabalho e lazer o sítio Santo Antônio da Bica, no Rio de Janeiro, com suas estufas para as coleções de plantas tropicais, especialmente bromélias, procedentes da floresta amazônica do Brasil e Venezuela.

Tudo isso sem esquecer a contribuição de Luis Barragán no México ao projeto de jardins, com o bairro de El Pedregal ou o espaço público da Unam.

Nesse aspecto, podemos considerar que na América Latina encontramos o melhor e o pior: reservas florestais de parques nacionais e máxima poluição nas metrópoles, nas quais, em cidades como Caracas, São Paulo ou Buenos Aires os rios são autênticos esgotos ao ar livre, ou na Cidade do México com um grau muito alto de poluição atmosférica.

A América Latina é uma reserva de natureza, porém a crença de que o território é ilimitado tem como subproduto marcas terríveis através de grandes complexos e infraestruturas obsoletas, que acabam em ruínas, como na cidade argentina de Santa Fé. Nesse sentido, a Europa pode aprender com a sensibilidade pela paisagem desenvolvida ao longo deste século no contexto latino-americano, as experiências dos arquitetos e arquitetas paisagistas e as edificações dispersas e integradas nos parques nacionais. Por outro lado, várias megalópoles latino-americanas, com algumas exceções emblemáticas, podem aprender com a regulamentação sobre o meio-ambiente e a sustentabilidade, a coleta seletiva e reciclagem de resíduos, a economia energética e a adaptação das cidades às crianças, tal como se experimenta em algumas cidades europeias.

2. Da cidade à megalópole

O segundo grande tema de confluência é o da cidade, com os problemas urbanos urgentes existentes na Cidade do México, São Paulo, Buenos Aires, Caracas ou Lima. Nas questões urbanas se encontra uma das raízes mais fortes que aproxima a todos os países latinos: além de uma tradição urbana comum de cidades coloniais, de ruas e praças, de claustros e pátios, também houve um intercâmbio contemporâneo entre os métodos de análises urbanas desenvolvidos na Europa meridional.

A maioria das grandes cidades latino-americanas se caracteriza por um núcleo de origem colonial – nas quais ainda há vestígios como em Córdoba (Argentina), La Antigua (Guatemala), Caracas, Quito, Cidade do México, o bairro Candelaria em Bogotá ou a Havana Velha. A mudança do século 19 ao 20 se caracterizou pela introdução da urbanística moderna, em casos como Rio de Janeiro, São Paulo ou Buenos Aires, com todo seu estrondo e exuberância, começando com os modelos de cidade-jardim britânicos ou os parques classicistas franceses (exportados pessoalmente por Unwin, Parker e Forestier, respectivamente) e pelos modelos das cidades norte-americanas como Chicago e Nova York, e prosseguindo com os protótipos corbusianos, os projetos para cidades latino-americanas de Josep Lluís Sert e Paul Lester Wiener, a implantação da Carta de Atenas e a recorrência das morfologias do Team X.

3. Ver MUXÍ, Zaida. *La arquitectura de la ciudad global*. Buenos Aires, Nobuko, 2009.

Infelizmente, a partir dos anos 1960 predominou um crescimento selvagem, expressão máxima das leis e inércias capitalistas de crescimento. Isso levou a cidades modernas caóticas e desorganizadas, com bairros periféricos intermináveis, uma parte com condomínios fechados para os ricos e outra com bairros marginais autoconstruídos para os pobres. Nas últimas décadas houve o abandono e deterioração dos centros históricos e de seu espaço público, em uma grosseira imitação do urbanismo norte-americano, onde predomina o desenvolvimento da periferia.[3]

A aberração dos condomínios fechados tentam criar um microclima particular, ilusoriamente apartado do caos externo, copiando arquiteturas nostálgicas de um passado que não existiu e tentando fugir da legislação e da ordem pública que valem para o resto da sociedade.

Por outro lado, os bairros informais reproduzem tanto a cultura orgânica e espontânea do campo no coração da metrópole, assim como repetem o ato arbitrário dos descobridores apropriando-se de novas terras. De fato, a morfologia do bairro autoconstruído não é recente, já que desde a fundação das cidades coloniais se tem reproduzido em seus arredores e caminhos os assentamento dos migrantes pobres vindos do campo.

Essa estrutura urbana é o resultado do papel histórico precário do Estado na América Latina. Entretanto, algumas cidades, como Curitiba e Porto Alegre no Brasil ou Córdoba na Argentina conseguiram corrigir essas tendências. Mendoza, cidade argentina, desenvolveu na segunda metade do século 20 o modelo de cidade-oásis, plantando milhares de árvores regadas durante o verão por um sistema de canais existente entre as ruas e calçadas. Mais recentemente, esse processo foi aplicado no Rio de Janeiro, São Paulo, Montevidéu, Bogotá e Medellín, tentando reverter essa característica da cidade latino-americana de convivência com o caos, regenerando ecossistemas e criando novas redes de espaços e edifícios públicos.

No campo do urbanismo contemporâneo, as cidades americanas dão lições de energia e vitalidade, de como se relacionar e se integrar ao caos contemporâneo; de como desenvolver espacialmente sociedades que aceitem a pluralidade de lógicas, entrecruzando-as simultaneamente. E as cidades europeias, especialmente as mediterrâneas, são exemplo por sua compacidade e coesão, pela ênfase no espaço público e, seguramente, por sua capacidade de acumular vestígios e traçados da história, de reelaborar constantemente sua memória.

Os melhores êxitos da arquitetura e urbanismo latino-americanos ocorreram nos anos 1950 e 1960, período em geral de prosperidade e de políticas socialmente progressistas. Foi a época da Unam no México, da Universidade da Venezuela em Caracas, da Universidade de Bogotá, dos novos museus no Brasil e, em geral, dos novos equipamentos culturais, educacionais e de saúde, dos quais as cidades atuais deveriam aprender. Podemos dizer que, de fato, a América Latina está conformada mais por cidades do que por países.

3. O patrimônio como substrato

Outra das características determinantes da arquitetura e urbanismo, da história, da teoria e da crítica da América Latina, é a existência de um substrato próprio, que sempre emerge, independente dos movimentos internacionais.

Para analisar o patrimônio arquitetônico devemos aprofundar sobre a arquitetura colonial, os modelos de edifícios religiosos, as tipologias residenciais, os padrões de edifícios públicos e os modelos industriais, mais ou menos comuns, até chegar à defesa da arquitetura moderna promovida pelo Docomomo, com especial importância no Brasil.

Em cada país e em cada momento esse substrato é interpretado de maneira diferente: em países como a Argentina enfatizam-se os movimentos internacionais; no Peru e México, desde meados do século 20 há uma revalorização da herança arqueológica pré-hispânica; a Bolívia e o Equador defendem uma arquitetura local vernacular. Hoje esses valores podem se expressar na revalorização dos modos de vida mais autênticos e próprios ou na defesa das características do meio ambiente.

Deve-se destacar a diferença do significado que teve a recuperação da história e patrimônio em diversos países e épocas. Por exemplo, como veremos, é muito diferente o significado da síntese de patrimônio e modernidade para a cultura artística e arquitetônica brasileira, do que o presente na recuperação da história do México nas obras dos muralistas como Diego Rivera, José Clemente Orozco ou David Alfaro Siqueiros.

Esse substrato é expresso nos valores simbólicos, materiais, técnicos, culturais, arquitetônicos, urbanos e paisagísticos. Essa questão da sobrevivência

4. Ver GRUZINSKY, Serge. *La guerra de las imágenes. De Cristóbal Colón a "Blade Runner"* (1492-2019). Cidade do México, Fondo de Cultura Económica, 1994.

do patrimônio será extremamente ambígua, como é o caso do México, onde o imaginário barroco e a fé cristã resistem até hoje, apesar de muitos fenômenos históricos, como as normas estritas da Ilustração promulgadas pelos Bourbon – especialmente Carlos III – no final do século 19, e a Revolução Mexicana, que tinha uma posição anticlerical,[4] como demonstra a Constituição de 1917.

Tal como veremos no livro, a recuperação ou não desses valores será determinante nas diferentes interpretações teóricas.

4. A casa como microcosmo

O quarto tema central é o da casa e da habitação social, modalidade que tem uma força especial na América Latina, onde habitar é uma atividade de construção social. De um lado, com os exemplos singulares de arquitetura erudita para casas unifamiliares, a casa particular; por outro, com a habitação coletiva, com ênfase especial na visão social, que expressa a situação de necessidade urgente por moradias populares dignas na maior parte do território latino-americano, e que cada país e período tem enfrentado ou se esquivado de maneiras diferentes.

As casas unifamiliares, mesmo quando simples, se convertem em um microcosmo, pequenos mundos autônomos no qual convivem obras de arte, plantas e árvores, objetos de artesanato popular e livros. É como se cada latino-americano tivesse herdado um certo espírito de Robinson Crusoe ou de colonizador, e tivesse uma capacidade especial de criar mundos, assim como fizeram os seus romancistas. Tudo isso se produz em um dos contextos caracterizados pela sensibilidade humanista e realista, em uma América Latina em crise existencial contínua, em culturas que se abrem à paisagem, até mesmo dentro de contextos urbanos agressivos. É neste ponto que podemos entender o desejo dos cidadãos abastados de transformar a sua casa em um universo. É nesse universo em que se situam a arquitetura privada e pública de Lina Bo Bardi, Lúcio Costa, Oscar Niemeyer e Paulo Mendes da Rocha no Brasil, Eladio Dieste no Uruguai, Carlos Raúl Villanueva e Fruto Vivas na Venezuela, Luís Barragán no México, Rogelio Salmona na Colômbia ou Ricardo Porro nas primeiras experiências da Cuba socialista.

Por outro lado, seria necessário estabelecer critérios funcionais e formais para poder entender os diferentes modelos de habitação social e coletiva em cada contexto, tendo em conta as diferenças no grau de desenvolvimento econômico, tecidos urbanos, sistemas legislativos e de gestão, tradições culturais e possibilidade de participação do usuário – em algumas delas, especialmente nas andinas, conserva-se um conhecimento popular muito vasto de como construir espaços. Nesse sentido, se deveria falar sobre reciclagem urbana, aproveitando as qualidades da malha urbana existente e intervindo em seu interior.

Se arquitetura latino-americana é atualmente fonte de inspiração devido aos seus magníficos exemplos de casas como microcosmo, integradas ao entorno, a arquitetura europeia exerce papel equivalente com seus exemplos de política de habitação social, especialmente nas clássicas experiências da socialdemocracia e do racionalismo entre guerras e do pós Segunda Guerra Mundial, e com algumas experiências contemporâneas na França, Holanda, Alemanha, Itália, Portugal, Inglaterra, Espanha e países escandinavos.

5. Tecnologia socializadora

Neste último tópico, é preciso levar em consideração as repercussões da tecnologia no âmbito do projeto arquitetônico: em que medida cada país usa os materiais e técnicas locais e como se produz a dissociação contemporânea entre a técnica e a forma face ao avanço tecnológico e à sociedade; como os novos materiais e as novas tecnologias influem na obra arquitetônica, assim como os novos meios de desenho e representação através de computadores. Em geral, a melhor arquitetura latino-americana foi capaz de desenvolver técnicas arquitetônicas próprias – muros tradicionais, superfícies em tijolo, madeira, apropriação do concreto armado – e tentou fugir do uso acrítico e direto das tecnologias internacionais mais avançadas.

Especialmente no Brasil há uma boa tradição que sabe usar a tecnologia como meio de socialização da qualidade de vida, como é o caso da obra de João Filgueiras Lima, o "Lelé", de Paulo Mendes da Rocha ou de Joan Villà. No Brasil aclimatou-se a arquitetura moderna dos pilotis e fachada livre ao clima e à tradição construtiva própria.

Deveríamos comprovar de que modo a tecnologia é usada como suporte de reconhecimento local ou como meio para a síntese entre as possibilidades locais e os códigos técnicos internacionais. Recorrer em cada projeto às raízes tecnológicas de cada país e à relação estabelecida entre formas e materiais é a única maneira para poder expor, analisar e comparar criticamente as produções dos diferentes países latino-americanos. Nesse sentido foram valiosas as contribuições de arquitetos e engenheiros como Fruto Vivas, Claudio Caveri, Eladio Dieste, Félix Candela, Lelé e outros.

Esse uso social e experimental da tecnologia é uma das características da arquitetura latino-americana, que passa por um contínuo processo de revisão em relação às tecnologias internacionais, que às vezes são vistas como ferramentas importadas – a partir de uma visão romântica e anti-industrial –, mas que ao mesmo tempo contribuem com seus materiais e sistemas construtivos, que são veículos de conhecimento, participação e investimento no futuro.

O estabelecimento de uma avaliação da história da crítica da arquitetura e urbanismo na América Latina no século 20 e a definição de um conjunto de temas, de diferentes escalas e mutuamente relacionadas, nos permite delimitar os conceitos básicos mais idôneos para as pesquisas. Uma vez delimitados os conceitos chave, as tradições imprescindíveis para a crítica, os núcleos de formação acadêmica, os âmbitos editoriais, os autores e autoras fundamentais, os livros mais influentes, as aspirações comuns, podem ser estabelecidos os temas centrais e as coordenadas dos trabalhos de pesquisa, dos debates gerais entre críticos e dos debates locais em cidades e universidades.

PRIMEIRA PARTE

MOVIMENTOS FUNDACIONAIS: A LEGITIMAÇÃO DOS MESTRES DA ARQUITETURA MODERNA E AS PRIMEIRAS TEORIZAÇÕES, 1925-1969

Tal e como foi explicado anteriormente, este livro não tem a intenção de estudar as publicações do final do século 19 até o princípio do século 20 dentro da tradição acadêmica e eclética, embora essa produção teórica tivesse muito peso em países como Argentina, Chile, Brasil ou mesmo México, país onde a Academia Real de San Carlos, dirigida pelo acadêmico valenciano Manuel Tolsà, foi fundada em 1783 pela coroa espanhola para impor a linguagem neoclássica e reprimir os excessos barrocos.

Essa primeira parte se dedica à evolução da teoria da arquitetura moderna na América Latina, atendendo a dois fenômenos. Por um lado, a formulação de uma teoria própria, tendo como referências os autores como Enrico Tedeschi, Luis Miró Quesada ou Alberto Arai. E por outro, colocaremos lado a lado a obra e a crítica dos próprios mestres da arquitetura moderna na América Latina, enfatizando através das formulações dos autores a relevância de seu papel nessa eclosão, especialmente nos casos do Brasil, México, Venezuela, Chile e Peru. Na configuração de uma teoria latino-americana da arquitetura foi fundamental a contribuição dos textos que os arquitetos mais ilustres escreveram, em que explicam a sua obra e a relaciona com o início do movimento moderno. Os textos dos protagonistas da arquitetura moderna também se desdobram entre aqueles que pouco avançam além da reflexão sobre a própria obra (Luís Barragán, Oscar Niemeyer, Carlos Raúl Villanueva) e aqueles que, muito além de sua excelente obra arquitetônica, formulam uma teoria própria, casos de Lúcio Costa e Lina Bo Bardi.

capítulo 1

OS INÍCIOS DA TEORIA DA ARQUITETURA E DO URBANISMO NA ARGENTINA

Na Argentina a tradição moderna da arte e da arquitetura foi introduzida nos anos 1930 e consolidou-se de maneira profunda, passando a fazer parte de sua identidade contemporânea. Nos anos 1940 apareceram os primeiros manifestos escritos, projetos realizados por Amancio Wiliams, e as primeiras realizações racionalistas de Mario Roberto Álvarez, que mais tarde realizaria uma obra tão emblemática como o Teatro Municipal General San Martín em Buenos Aires (1953-1960).

No século 20, houve uma forte influência europeia, especialmente italiana, na gênese da crítica da arquitetura na América Latina. De fato, entre os anos 1940 e 1960, os vínculos com os arquitetos italianos e revistas como *Casabella* foram muito intensos na Argentina.

A experiência pedagógica da Escola de Arquitetura de Tucumán

No caso da arquitetura argentina, a experiência da Escola de Arquitetura de Tucumán foi fundamental. Em 1946 foi fundado em Tucumán o Instituto de Arquitetura e Urbanismo – IAU, com o desejo de criar uma nova Bauhaus, que exercesse influência no âmbito regional do nordeste argentino. O IAU foi articulado por um grupo de jovens arquitetos argentinos, liderados por Eduardo Sacriste, Horacio Caminos e Jorge Vivanco, e com a participação pontual dos arquitetos italianos Cino Calcaprina, Ernesto Nathan Rogers, Luigi Piccinato e Enrico Tedeschi, convidados por Vivanco durante a sua viagem à Europa em 1947; ao longo do tempo, se uniram ao grupo novos professores, como Hilario Zalba, José Le Pera, Rafael Onetto e Jorge Borgato. Essa escola foi fundada com uma leve influência do Grupo Austral de Buenos Aires, liderado por Antoni Bonet Castellana, Juan Kurchan e Jorge Ferrari Hardoy.

A passagem de Ernesto Nathan Rogers foi efêmera, entre 1947 e 1948; por outro lado, Enrico Tedeschi migrou definitivamente em 1948, e exerceu grande influência na Argentina. A experiência pioneira de Tucumán sofreu uma mudança em 1950, face à dificuldade de construir a nova Cidade Universitária depois de uma crise econômica. Em 1952, passou a ser Faculdade e a crise se acelerou até seu fechamento em 1955, com o golpe de Estado e a queda de Juan Perón.

Todos esses fatos tiveram um grande peso no desenvolvimento incompleto do novo e ambicioso campus universitário sobre o morro San Javier. De todo o projeto previsto somente foi iniciada a gigantesca estrutura de pórticos de concreto armado da residência de estudantes, projetada com a colaboração de Eduardo Catalano – um bloco de 480 metros de comprimento que foi abandonado como uma ruína fantasmagórica. Somente foram terminadas as casas organicistas para a residência de professores, projetada por Horacio Caminos. O projeto do campus, com uma escala gigantesca, inspirava-se nos campus de Le Corbusier, assim como em seus projetos urbanos para Nemours e Saint Dié.

1. Franco Marigliano publicou partes de sua tese em diversas publicações coletivas e comemorativas, como "La Ciudad Universitaria de Tucumán", em *Generación del Centenario y su proyección en el Noroeste Argentino (1900-1950)*, Volume I, Fundación Miguel Lillo, Centro Cultural Alberto Rougués, junho de 2000; e "Residencia Universitaria de Horco Molle. Su origen arquitectónico como Ciudad Hospital" em *Tucumán en la memoria*. Tucumán, Ediciones del Rectorado, Universidad Nacional de Tucumán, 2003.

Além da contribuição teórica de Enrico Tedeschi, que comentamos e seguir, a experiência de Tucumán resultou em textos muito interessantes, como o de Eduardo Sacriste, *Charlas a principiantes*, com um caráter didático muito forte, publicado em 1986 pela Editora Universitária de Buenos Aires.

A experiência de Tucumán foi magistralmente analisada, com rigor e precisão, pelo arquiteto Franco Marigliano, em sua tese de doutorado *El Instituto de Arquitectura y Urbanismo de Tucumán (1946-1955)*, defendida em Madri, em 2003.[1] E o sonho incompleto do campus gigantesco na montanha se refletiu nos grandes edifícios, também incompletos, da Cidade Universitária de Buenos Aires, dos mesmos autores Horacio Caminos, Eduardo Sacriste e Eduardo Catalano.

O início da teoria de arquitetura em Enrico Tedeschi

A contribuição de **Enrico Tedeschi** (1910-1978) na Argentina se consolidou através de uma série de livros fundamentais sobre arquitetura, especialmente *Una introducción a la historia de la arquitectura* (1951) e *Teoría de la arquitectura* (1955), além do livro dedicado a *Frank Lloyd Wright* (1955);

e através de muitas colaborações em livros coletivos, como seu texto "El medio ambiente natural" no livro *América Latina en su arquitectura* (1975), coordenado por Roberto Segre, e de uma grande quantidade de artigos. Nascido em Roma em 1910, formado arquiteto na Universidade de Roma em 1934, onde mais tarde obteve seu doutorado, Tedeschi cultivou tanto a obra arquitetônica como a crítica e a história. A partir da Segunda Guerra Mundial colaborou em Roma com Bruno Zevi na fundação e direção da revista *Metron* e na divulgação do movimento organicista na Itália. Com a chegada da democracia cristã ao poder em 1947, Tedeschi, assim como outros arquitetos italianos, se sentiu desapontado e começou a dar aulas em 1948 na Argentina, onde decidiu se fixar definitivamente. Na Itália havia realizado muitos planos urbanos e obras arquitetônicas, e se havia interessado pelos sistemas industrializados, tendo publicado os livros *I servizi collettivi nella comunità organica* (1947) e *L'Architettura in Inghilterra* (1948).

Em síntese, a contribuição de Tedeschi significa o desenvolvimento das teorias de Benedetto Croce e Bruno Zevi em terras americanas. Tedeschi assumiu a renovação dos estudos históricos e críticos a partir do interior do país, longe da capital portenha. Introduzir as ideias de Zevi significava introduzir o pensamento organicista; divulgar a estética de Croce significava abordar conceitos da teoria da arte centro-europeia (espaço em arquitetura, vontade da forma, abstração, empatia etc.) que Croce havia introduzido nas línguas latinas ao traduzi-las dos textos alemães de Alois Riegl, Heinrich Wölfflin, Wilhelm Worringer e outros. Para estabelecer seu juízo crítico sobre arquitetura, Tedeschi seguiu a concepção de Benedetto Croce, que valorizava o valor estético e espiritual da obra de arte, porém a conciliou, no caso da arquitetura, com a relevância da funcionalidade, do contexto e da sociedade.

Resumindo, EnricoTedeschi defendeu a partir da Argentina três conceitos básicos: a importância da história em uma situação contemporânea onde já se poderia superar o proibicionismo decretado pela arquitetura moderna (nesse ponto se aproximava muito do que o seu compatriota E. N. Rogers defendia na direção da revista *Casabella*); a insistência sobre a essência da arquitetura residir no espaço, o que leva a uma total transformação tanto dos métodos de projeto e de representação, como dos próprios critérios da crítica (nisso continuava as ideias de seu mestre Bruno Zevi, superando, entretanto, a sua concepção fechada e exclusivista); e o reconhecimento da importância da escala da paisagem e da relação da arquitetura com o meio ambiente.

Durante a sua estadia em Tucumán, onde ministrou aulas entre 1948-1953 e 1956-1958, publicou um livro básico, *Una introducción a la historia de la arquitectura* (1951), no qual explicava todos os seus conhecimentos sobre história, teoria e crítica da arte e da arquitetura e que era uma mostra de seu grande conhecimento e de sua vasta biblioteca pessoal.

Foi durante o período em que foi diretor da Faculdade de Arquitetura de Mendoza, fundada por ele em 1961, que publicou seu livro mais conhecido, *Teoría de la arquitectura* (1962), onde propunha uma renovação pedagógica da teoria do projeto e que foi muito divulgado e usado na Espanha e Itália nos anos 1970. No prefácio da terceira edição, de 1972, o livro explicitava suas sintonias com as teorias de Peter Collins, Reyner Banham, Renato de Fusco,

Christopher Alexander, Christian Norberg-Schulz, Vittorio Gregotti e Giorgio Grassi. Embora não citasse os dois livros mais influentes do final dos anos 1960 – o de Venturi e o de Rossi –, a *Teoría de la arquitectura* de Tedeschi esteve à altura de todas essas contribuições no campo da teoria arquitetônica.

O livro *Teoría de la arquitectura* se estrutura em três partes essenciais dedicadas à concepção e ao desenvolvimento do projeto arquitetônico. A primeira parte, inédita no panorama da arquitetura, era dedicada às relações com a natureza: a paisagem natural, o terreno, a vegetação e o clima. A segunda parte era dedicada às relações com a sociedade, tratando do uso físico, psicológico e social da arquitetura, e suas relações com a paisagem cultural, a técnica e a economia, terminando com o programa e a metodologia do projeto. E a terceira parte era dedicada à arquitetura como arte, às questões formais – plástica, escala e espaço –, e ao gosto e à personalidade.

Amplamente ilustrado com esquemas preciosos e inesquecíveis para a análise das plantas da arquitetura moderna, *Teoría de la arquitectura* incluía como novidade um Helioindicador (um diagrama solar dobrável, que acompanhava o livro) e um esquema de metodologia para a formulação de um programa.

Similar ao acorrido com a arquitetura de Lina Bo Bardi no Brasil, que enriqueceu sua bagagem cultural italiana com a força da cultura popular brasileira, Tedeschi elaborou uma teoria arquitetônica que partia da cultura europeia, mas que longe dela, de suas modas e urgências, adquiriu maturidade, solidez, lucidez e delicadeza únicas. Muitas das concepções teóricas dos anos 1950 têm em comum, tal como fez Josep Maria Sostres em Barcelona, o fato de tomar como referência a recuperação da arquitetura moderna e ao mesmo tempo propor o início de uma revisão e superação necessárias dos dogmas do racionalismo centro-europeu. Na Argentina, Enrico Tedeschi contribui com todo o seu conhecimento da cultura arquitetônica moderna para fundar uma nova tradição de revisão e crítica.

Além de dar aulas em Tucumán, Tedeschi se mudou durante uma temporada para ensinar em Cuyo e na Faculdade de Arquitetura da Universidade de Córdoba entre 1953 e 1959, além da cidade de San Juan. Mas na cidade de Mendoza, onde se instalou definitivamente, iria fundar uma escola de arquitetura particular que ele dirigiu até 1974 e onde desenvolveu de forma mais ampla as suas ideias urbanas e seus princípios de uma arquitetura ambiental. Ali projetou e construiu a Faculdade de Arquitetura de Mendoza (1964) usando princípios ecológicos, de ventilação natural, máximo aproveitamento da iluminação natural e muitos espaços ao ar livre. Na verdade, o motivo pelo qual se mudou para Mendoza – a cidade oásis por seus milhões de árvores plantadas pelo ser humano e seus canais com água proveniente do degelo das montanhas em todas as ruas – foi a encomenda para assessorar planos urbanos, que mais tarde viria a desenvolver detalhadamente. Tedeschi foi o diretor do Escritório de Planejamento Urbano entre 1959 e 1961 e preparou uma novo código edilício para Mendoza.

Após abandonar a direção da Faculdade de Arquitetura devido a conflitos políticos, Tedeschi continuou em sua atividade incansável. Ele fundou o Iadiza – Instituto Argentino de Investigaciones de las Zonas Áridas e dentro desse o LAVH – Laboratorio de Ambiente Humano y Vivienda, dedicando-se em seus últimos anos a três grandes temas de pesquisa: o meio físico e os tipos de paisagem; a tecnologia, a segurança e a economia; e a construção baseada no aproveitamento da energia solar, na qual foi pioneiro, tendo desenvolvido protótipos que somente puderam ser acabados em 1980, depois de sua morte.

Tedeschi exerceu grande influência na crítica argentina, em autoras como Marina Waisman e Noemí Goitia, e foi incentivador dos trabalhos de preservação do patrimônio histórico da Argentina. Além do estudo das questões meio-ambientais, especialmente nas zonas áridas e sísmicas, ele voltou à administração municipal entre 1966 e 1967, onde foi diretor da Secretaria Técnica de Planejamento, ampliando o plano diretor de Mendoza e iniciando projetos de reabilitação do centro histórico. Até hoje podem ser identificados os acertos desse plano no tecido histórico, com edifícios em forma de torre com quatro fachadas, sobre bases contínuas de três pavimentos, criando uma estrutura urbana contínua magnífica na base, um ritmo de torres bem dimensionadas e orientadas, recuadas do alinhamento das ruas para deixar espaço para as copas das árvores.

O início da história das cidades latino-americanas em José Luis Romero

O historiador **José Luis Romero** (1909-1977) nasceu em Buenos Aires, no seio de uma família de imigrantes espanhóis, e faleceu em Tóquio, em uma de suas viagens, quando ainda se encontrava em uma época de maturidade extremamente produtiva. Estudou na Universidade de La Plata, onde obteve o doutorado em História, em 1938. Sua tese de doutorado, publicada em 1942, era dedicada à crise da República Romana. Na década de 1940, se dedicou a estudar a Idade Média. Seu objetivo inicial era buscar, nos recônditos da época medieval, o nascimento do mundo moderno, visto a partir da formação e desenvolvimento da mentalidade burguesa e o papel crescente da vida urbana. O objetivo de Romero era demonstrar, primeiramente, a constituição da ordem cristã-feudal, e logo, a partir do século 11, o início e desenvolvimento da mentalidade burguesa, até a organização do que Romero chamou de ordem feudo-burguesa. O objetivo de sua pesquisa foi enfatizar o mundo dos interesses de classe na Europa, especialmente em Portugal e na Espanha, antes da conquista da América.

De fato, Romero acabou desenvolvendo uma história das ideias que se propunha a mostrar as últimas etapas da mentalidade e dos interesses burgueses – já incipientemente capitalistas – e seu choque com a transformação e o movimento de ideias baseadas sobre um conceito mais justo de organização da sociedade.

Fortemente marcado pelo marxismo, pela Escola dos Annales fundada por Lucien Febvre e Fernand Braudel e pelo pensamento socialista, Romero explicitava constantemente seus métodos, esclarecendo que "a história não se dedica ao passado. Ela lhe pergunta coisas que interessam ao homem vivo". Romero desenvolveu, por conta de sua vontade explícita de deixar muito claro o seu método, uma espécie de teoria ou filosofia da história.

Da sua vasta produção de livros de história geral e sobre a Argentina, destaca-se *Latinoamérica: las ciudades y las ideas* (1976), uma tentativa de compreender a totalidade da história da América

Latina através do papel que as sociedades urbanas tiveram sobre ela. Ou seja, a história da América Latina identifica-se com a história de suas cidades e a história de suas cidades com os interesses de classes e o reflexo de suas vicissitudes na cultura. Esse ponto de vista original parte do conhecimento que Romero tinha sobre a função das cidades no processo de formação da burguesia na Europa e se aplica agora revelando a peculiaridade latino-americana, sem esquecer a condição, o significado e o poder do mundo rural.

José Luis Romero recorreu ao romance para destacar a história das pessoas que não têm história. Por isso usava esses relatos imprescindíveis para construir uma história social, embora fossem histórias inventadas. Esse livro, além de ser uma síntese de toda a obra de Romero, também é chave na historiografia latino-americana e é impossível pesquisar e escrever hoje sobre a sociedade, a cultura, as ideias e as cidades na América Latina sem sua leitura prévia. O livro teve muita repercussão e foi traduzido para o inglês como *Latin America. Its cities and ideas*, Washington D.C., 1999.

Da grande produção de José Luis Romero destacam-se os livros dedicados à história da Argentina – como *Las ideas políticas en Argentina* (1946) – e das cidades, como *La ciudad occidental. Culturas urbanas en Europa y América* (2009), que reúne uma longa série de ensaios que teriam formado um livro que ficou incompleto devido sua morte. Destacamse também os artigos, entrevistas e livros dedicados ao ofício e aos métodos do historiador, tais como o *Diccionario de historia universal* (1954) e o livro de Félix Luna, *Conversaciones con José Luis Romero sobre una Argentina con historia, política y democra-*

2. ROMERO, José Luis; ROMERO, Luis Alberto. *Buenos Aires, historia de cuatro siglos*. (Volume 2: *Desde la ciudad burguesa hasta la ciudad de masas*). Buenos Aires, Altamira, 2000.

---

cia, Editora de Belgrano, Buenos Aires, publicado postumamente em 1978.

Romero criou e dirigiu a revista *Imago Mundi* (1953-1956), que chegou a publicar doze números. O subtítulo era "Revista de história da cultura" e nela colaborava o crítico e historiador da arte Jorge Romero Brest.

Tal como se explica no capítulo 6, dois dos seguidores mais competentes de Romero são os arquitetos e historiadores Adrián Gorelik e Graciela Silvestri. Gorelik escreveu o prólogo do citado livro *La ciudad occidental. Culturas urbanas en Europa y América* e ambos, Silvestre e Gorelik, escreveram "Ciudad y cultura urbana, 1976-1999. El fin de la expansión" no livro organizado por José Luis Romero e Luis Alberto Romero, *Buenos Aires, historia de cuatro siglos.*[2] Também podemos considerar o livro de Zaida Muxí, *La arquitectura de la ciudad global*, como uma continuação dos trabalhos de Romero, introduzindo e analisando o fenômeno da cidade global e levando a uma interpretação crítica de certas morfologias da cidade contemporânea: os conjuntos corporativos, os centros comerciais, os parques temáticos e os condomínios fechados.

Para terminar este capítulo, é muito importante considerar que durante os anos 1960 e 1970 o mundo editorial na Argentina teve um peso fundamental nos países hispânicos: as editoras Summa, Nueva Visión, Poseidón e outras realizaram uma política sistemática de tradução e publicação de livros de arquitetura, design e arte. Processos semelhantes podem ser observados nos casos da editora Siglo XXI, fundada na capital do México por espanhóis exilados, Monte Ávila em Caracas ou Escala em Bogotá.

capítulo 2

OS PIONEIROS DA TEORIA DA ARQUITETURA NO BRASIL E CHILE

A construção da teoria no Brasil

A crítica arquitetônica brasileira se destaca por sua capacidade singular de conciliar a valorização da tradição e o desenvolvimento mais espetacular da arquitetura moderna. Nessa construção cultural, o arquiteto e teórico Lúcio Costa teve um papel chave. Costa soube articular na cultura arquitetônica uma sinergia entre o sistema acadêmico e as Belas Artes, e a inspiração pela modernidade, as tecnologias avançadas e a modernidade.

Uma das melhores expressões dessa capacidade singular de teorizar, polemizar e sintetizar da cultura brasileira é a magnífica coletânea de Alberto Xavier *Depoimento de uma geração* (1987, reeditada em 2003), na qual se reúnem artigos, ensaios e fragmentos dos livros mais representativos dos arquitetos brasileiros e internacionais que elaboraram opiniões sobre o Brasil do final dos anos 1920 até os anos 1970. Alberto Xavier organizar os artigos mais polêmicos em cinco grandes temas: "propostas", com textos sobre arte, arquitetura e ensino; "realizações", reunindo textos sobre o Ministério de Educação e o Pavilhão do Brasil na Feira Mundial de Nova York; "confrontações", partindo das críticas do olhar estrangeiro de Walter Gropius, Siegfried Giedion, Max Bill, Bruno Zevi, Ernesto Nathan

Rogers e Giulio Carlo Argan; "relações", com textos sobre as relações da arquitetura com a sociedade, a forma, a técnica a nacionalidade, a crítica, o ambiente e as artes plásticas; e "o papel das individualidades", tratando sobre os personagens mais destacados da arquitetura brasileira, incluindo o mestre Le Corbusier.

Nessa evolução da teoria da arquitetura no Brasil os textos pioneiros mais destacados, como se confirma na coletânea de Alberto Xavier, foram os de Gregori Warchavchik, Lúcio Costa, Oscar Niemeyer, Lina Bo Bardi, João Vilanova Artigas, Rino Levi, Mário Pedrosa e Mário de Andrade.

Gregori Warchavchik, de origem russa (Odessa, 1896 – São Paulo, 1972), viveu na Itália de 1918 a 1923, convertendo-se no introdutor da arquitetura moderna no Brasil depois de publicar em 1925 o ensaio "Sobre a arquitetura moderna", no qual insiste que "se deve deixar de pensar em estilos" e defende os princípios de economia e conforto desenvolvido especialmente pelos engenheiros, culminando com a frase "abaixo as decorações absurdas e viva a construção lógica".

Lúcio Costa (1902-1998) foi autor de uma quantidade imensa de artigos, sempre polêmicos e heterodoxos, sintetizando a convicção moderna pela tecnologia e as novas formas, o respeito pelo conhecimento sobre a arquitetura colonial brasileira e a reinterpretação de conceitos básicos da cultura Belas-Artes como o "caráter". Alguns de seus textos mais representativos foram reunidos em *Razones de la nueva arquitectura. 1934 y otros ensayos* (1986), volume publicado pela Embaixada do Brasil em Lima, Peru. No ano 2007 foi publicada uma versão facsímile, organizada por Alberto Xavier, Anna Paula

Canez e Maria Elisa Costa, de seu livro *Sobre arquitetura* editado em 1962 com seus artigos e projetos.

Oscar Niemeyer (1907-2012), muito mais conhecido por sua obra arquitetônica do que por seus textos, também teve um papel teórico relevante ao publicar constantemente seus ensaios e ao fundar e dirigir a revista de arquitetura *Módulo*, criada por ele em 1955. A maioria de seus escritos tem como objetivo justificar sua própria obra e fundamentar uma nova arquitetura no Brasil. Niemeyer refletiu com muita freqüência sobre sua obra, conceituando-a sempre a posteriori. A fase crítica, após a fase criativa, serve para enriquecer a fase criativa posterior. Para Niemeyer, trata-se de um momento chave do processo criativo, que não é anterior à obra, mas sim uma reflexão posterior sobre a prática, que tem a função de controle sobre a imaginação do arquiteto, que aprende daquilo anteriormente realizado para não cair no "auto-plágio", o que ele denomina "repetição esterilizante".

Niemeyer demonstra em seus textos uma ampla cultura humanista – embora nunca faça citações com rigor e precisão – formada na leitura de autores franceses como Marcelo Proust, Charles Baudelaire, Descartes, Voltaire, Sartre, Simone de Beauvoir e André Malraux. Essa cultura de raiz francesa foi reforçada posteriormente em seu exílio parisiense entre 1967 e 1972, durante a ditadura militar no Brasil. Niemeyer cita filósofos alemães como Kant, Kierkegaard, Goethe, Gadamer ou Heidegger; e biólogos como Jacob e Monod. Na raiz de sua visão de um mundo idealizado e estetizado está a busca da perfeição desenvolvida por Platão.

No final dos anos 1950, após o projeto não construído para o Museu de Arte de Caracas, e depois de começar os projetos para Brasília, Niemeyer realiza certa autocrítica. Em seu "Depoimento" de 1958 propõe "um processo honesto e frio de revisão" de seu trabalho como arquiteto, reconhecendo uma "tendência excessiva para a originalidade" que "prejudicou em alguns casos a simplicidade das construções e o sentido de lógica e economia que muitos reclamavam"; aponta que, a partir dali, sua obra seria mais rigorosa, social e integrada ao lugar. Portanto também existe esse Niemeyer crítico, que reflete sobre sua obra e que é receptivo à crítica de outros, como a que fizera Max Bill em 1953 ao consider excessivo e arbitrário o livre formalismo da arquitetura brasileira.

Lina Bo Bardi: a síntese positiva entre tradição e vanguarda

Lina Bo Bardi (1914-1992) nasceu em Roma, onde se titulou como arquiteta em 1939. Após o fim da Segunda Guerra Mundial passou a incorporar a resistência, dentro do Partido Comunista. Em 1945, junto a Bruno Zevi, seu mestre, e Carlo Pagani, seu companheiro sentimental naquela época, fundou *A – Attualità, Architettura, Abitazione, Arte (Cultura della Vita)*, revista de vida efêmera. Logo se decepcionou com a chegada da Democracia Cristã ao poder na Itália no pós-guerra em 1946 e emigrou com o jornalista Pietro Maria Bardi para o Brasil.

No Brasil, Lina Bo Bardi conseguiu trabalhar como arquiteta e designer, mas não deixou de escrever, desenvolvendo, como havia feito na Itália, um grande trabalho como crítica de arquitetura e pedagoga, fundando com Pietro Maria Bardi a revista *Habitat* em 1950, editada pelo Museu de Arte de

São Paulo – Masp. Uma seleção dos textos de Lina foi editada por Silvana Rubino e Marina Grinover, e publicada pela Cosac Naify em 2009 no livro *Lina por escrito. Textos escolhidos de Lina Bo Bardi*.

Em 1957 Lina publicou com o título *Contribuição propedêutica ao ensino da teoria da arquitetura* um livro muito culto, cujo conteúdo era seu programa para o concurso de professor de Projeto apresentada em 1956 na Faculdade de Arquitetura e Urbanismo da Universidade de São Paulo, no qual acabou não sendo selecionada. Com forte influência dos exemplos da história da arquitetura italiana, o texto de estrutura magmática, intricado, é uma defesa do humanismo na arquitetura moderna, partindo da cultura clássica do Renascimento até o neoclassicismo, insistindo sobre a importância da relação entre arquitetura e natureza.

O livro trata de três temas essenciais: o desejo de continuidade histórica, a ênfase sobre o binômio arquitetura-natureza e a defesa da fusão necessária entre arte e ciência, continuando a tradição do rigorismo de Francesco Milizia e Carlo Lodoli no final do século 18 e tendo como referência seu mestre Pier Luigi Nervi. Dividido em dois capítulos – o primeiro dedicado aos problemas da teoria da arquitetura e o segundo aos problemas de método –, Lina Bo Bardi insiste tanto nas relações da arquitetura com a natureza como na aliança necessária com a ciência e as novas tecnologias.

Lina Bo Bardi foi uma das primeiras autoras que já nos anos 1950 advertiu sobre os problemas ecológicos que se aproximavam: escassez de água, incêndios florestais, erosão e degradação. Além disso foi pioneira na reivindicação internacional da obra de Gaudí. Citava o arquiteto catalão no texto

Contribuição propedêutica ao ensino da teoria da arquitetura de 1957. Ao viajar pela Europa, passou por Barcelona indo para a Itália e visitou as obras de Gaudí por recomendação de Bruno Zevi. Em abril de 1958, logo após seu retorno ao Brasil, deu uma palestra sobre o tema do espaço na Escola de Belas Artes de Salvador. Na ocasião usou exemplos de Gaudí – o parque Güell, a cripta da Colonia Güell e a Sagrada Família –, obras, segundo ela, feitas a partir da mais "profunda solidão". Para Lina Bo Bardi não se tratava tanto de "influências mais ou menos futuristas ou cubistas", mas de seu lado humano, da vida cotidiana, "que realiza plenamente o contato com a vida". Bo Bardi conclui com o exemplo daquele "arquiteto construtor", que soube abrir caminhos obedecendo a natureza e a vida.

Na reavaliação da obra de Lina Bo Bardi foi fundamental a edição organizada pelo seu discípulo Marcelo Ferraz, que recompilou grande parte do material de seus arquivos e projetos no compêndio *Lina Bo Bardi*, publicado em 1993 pelo Instituto Lina Bo e P.M. Bardi, de São Paulo. A partir daí a figura de Lina Bo Bardi começou a ser reconhecida mundialmente.

A contribuição conceitual do Chile: Juan Borchers e a Cidade Aberta

Os três grandes focos culturais da arquitetura chilena se relacionam a três universidades. A mais tradicional, a Pontifícia Universidade Católica de Santiago do Chile, que foi neoclássica até meados do século 20 e manteve estreitas relações com os Estados Unidos e fundações como Ford ou Rockefeller. A Escola de Arquitetura da

Universidade Católica de Valparaíso, liderada por Alberto Cruz Cobarrubias, que surgiu em 1952 em ruptura com a de Santiago. E a influência teórica de Juan Borchers, que teve como cenário inicial a Universidade do Chile, pública, cuja Escola de Arquitetura foi reformada em 1945 com a intervenção de Waldo Parraguez, Enrique Gerbhard e Tibor Weiner, ex-assistente de Hanner Meyer.

Juan Borchers (1910-1975) propôs a fundamentação estética de uma nova arquitetura, enquanto Isidro Suárez e Jesús Bermejo, seus discípulos mais destacados, publicaram e deram continuidade à sua obra. Juan Borchers foi um arquiteto singular, que construiu uma obra muito reduzida, mas escreveu incansavelmente textos essenciais, concebidos como refundamentação da arquitetura moderna no Chile. Suas obras teóricas *Institución arquitectónica* (1968), que reúne parte de suas aulas ministradas em 1964 e 1965, e *Meta-arquitectura* (1975), tem sido durante anos textos fundamentais para algumas escolas de arquitetura do Chile.

Na evolução constante de Borchers podem ser diferenciadas duas etapas. A primeira, depois de sua formatura em 1944 na Universidade do Chile, na cidade de Santiago, foi uma época de forte influência da obra de Le Corbusier, fonte de onde brota toda a sua arquitetura. Entre 1944 e 1964 desenvolveu um longo período de viagens e estadias de estudo e pesquisa em países da Europa, África, América e Ásia, residindo durante alguns períodos na Espanha. Em 1948 fez uma viagem por capitais como Paris e Madri, e por países como Itália, Grécia e Egito. A experiência dessa viagem definiu sua ambição intelectual, quase ilimitada: criar uma grande teoria sobre as medidas do mundo e todos os seus objetos em relação ao corpo humano.

Borchers considerava o corpo humano como medida de todas as coisas – corpos atmosféricos, objetos e pinturas – e se dedicava obsessivamente a medir fenômenos, como por exemplo as nuvens, e arquiteturas, como os monastérios românicos catalães. Considerava que a heterogeneidade sempre acaba convergindo nos números. O desejo de Borchers era incluir tudo o que até então havia sido publicado sobre proporções em arquitetura. Desse modo, Borchers se reconhece no início do seu livro *Meta-arquitectura* como "estudioso da lúcida obra do Padre Van der Laan, incorporando seu sistema e sua terminologia, superando-os no seu alcance numérico, conceitual, poéticos e bases sensoriais da arquitetura". E conclui o livro com essa frase, emprestada de Charles Baudelaire, reveladora da sua busca de síntese: "Tudo é número. O número está em tudo. O número está no indivíduo. A embriaguez é um número".

Trata-se de um projeto ao mesmo tempo físico e poético – "ir além do horizonte" –, com o objetivo de buscar geometrias e número plásticos, uma geografia poética que conseguisse sintetizar ao mesmo tempo tradição pitagórica e tradição orgânica. Seu projeto teórico começava em um desejo desmesurado de interpretar e medir o mundo, todo o visível: do corpo humano ao horizonte, partindo dos tratados renascentistas, das proporções harmoniosas de Juan de Herrera, das morfologias de Goethe e dos desenhos de Le Corbusier e Picasso.

Borchers tentou realizar um projeto inalcançável: fundir a poesia com a matemática, seguindo um caminho similar àquele logo seguido por artistas minimalistas e conceituais como Jorge Oteiza e Sol Lewitt: avançar em um racionalismo insistente e vasto que chegasse a atingir uma espécie de mística racionalista; por conta de uma razão sistemática, obsessiva e repetitiva chegar à síntese, ao místico e inclusive ao delírio.

Após a primeira etapa de viagens, os anos 1960 foram a época de maior atividade didática, quando publicou seus textos teóricos e deu palestras entre 1964 e 1965, criando uma escola de seguidores. Também foi nesse período que sua obra arquitetônica se concretizou em uma série curta de edifícios, dentre os quais se destaca a Cooperativa Elétrica em Chillán (1960-1967), com a colaboração de Isidro Suárez e Jesús Bermejo; uma obra totalmente inspirada nas criações de Le Corbusier em concreto armado, especialmente o Capitólio de Chandigarh.

Há contribuições muito singulares entre as suas obras, como por exemplo o *Haitabu*, publicado postumamente em 1998 pelo Departamento de Projetos Arquitetônicos da Escola Técnica Superior de Arquitetura de Madri. É uma obra lírica, não datada originalmente, vista como um diário pessoal, como uma visão do mundo proposta a partir do extremo sul, de Punta Arenas. Contudo, esses textos publicados são somente uma parte mínima de uma vasta obra escrita em preparações de aulas e reunidas em centenas de diários de bordo ou diários pessoais.

Em *Haitabu*, Borchers escreve sobre "a terra como um animal, algo vivo e não uma cena rígida", apontando algo que mais tarde cientistas como James Lovelock converteriam na teoria de Gaia. Borchers escreve: "eu morava em Stravinsky, em Satie, aquela era a minha cidade, o país onde eu morava e esse país tinha uma língua mental que não era a minha, o francês, e uma cidade espiritual, ou melhor, intelectual, onde nunca havia estado e que era Paris". Suas reflexões sobre a paisagem lhe fizeram exclamar: "E atrás do horizonte, o mundo e mais além... ali eu iria quando crescesse..."; "O horizonte é um retângulo, alongado de norte a sul"; "Talvez devesse chegar a um lugar onde a terra e o firmamento se encontrassem: uma praia como aquela que se forma do encontro da terra com o mar, as praias de firmamento: onde a terra, o mar e o firmamento se encontravam em uma linha reta ou faixa, e dali atravessar até o mais além, ao além maravilhoso, vestido com o assombro inacessível, de uma embriaguez ilimitada, entrar finalmente em um mundo de sonho e pressentimento: a partir daí meu corpo todo era signo, arco e flecha e disparo: o corpo magnético orientado".

Por outro lado, na cidade de Valparaíso se desenvolveu desde 1952 uma linha autônoma idealizada pelo arquiteto Alberto Cruz Cobarrubias, junto ao grupo de professores e estudantes da Universidade Católica de Valparaíso. A partir do estudo inicial da arquitetura popular da cidade, propuseram a construção de uma *Cidade Aberta* em Ritoque, perto de Valparaíso, uma cidade laboratório que foi projetada pelos professores, com a intervenção dos estudantes que se formavam a cada ano. Paulatinamente a escola de arquitetura configurou os conceitos básicos sobre a habitação, a partir da ideia de *Amereida*, segundo o poema com o mesmo título escrito em 1965 pelo poeta argentino Godofredo Iommi, também membro do grupo. O objetivo foi realizar muitas intervenções dispersas pelo território, seguindo diversas travessias pelo interior do território da América, iniciadas em 1964, situando arquiteturas fundacionais e poéticas de uma possível *Eneida* americana.

Cada peça da sede da Cidade Aberta executada pela Cooperativa Amereida – a sala de música, os instrumentos musicais ao ar livre, as casas denominadas hospedarias, os ateliês, as residências de temporada para professores, o cemitério – baseia-se sobre o uso de materiais locais e reciclados, articulados em formas orgânicas, expansivas e livres, partindo estritamente das funções e dos gestos, da espontaneidade e do senso comum, pitorescas e integradas ao lugar, sempre buscando um sentido escultórico. O núcleo inicial da Cidade Aberta se localiza nas dunas do litoral do Pacífico; por isso é formado por estruturas leves e expansíveis de madeira encaixada, com claraboias que permitem iluminar o chão de areia; formas em contínua mutação, em diferentes níveis e marcas pelo terreno, que de maneira incansável se refazem e se ampliam conforme a paisagem de areia vai se transformando.

Ao analisar a época atual, é possível interpretar que os melhores valores da arquitetura chilena atual, seu rigor e sua poética, seu realismo e seu experimentalismo, baseiam-se nessas duas experiências tão singulares: a metodologia da Cidade Aberta da Escola de Valparaíso e as teorias de Juan Borchers.

Essas duas referências demonstram uma grande influência sobre a arquitetura chilena contemporânea e no desenvolvimento de outras experiências acadêmicas, como a Escola de Arquitetura de Bio Bio e a de Talca. Em 1999 foi criada uma nova escola de arquitetura pública na Universidade de Talca, no Vale Central do Chile, também pensada como um laboratório, com o intuito de superar o modelo da Escola de Arquitetura de Valparaíso, aproximando-

-se das experiências de vertente social, como a escola de arquitetura do Rural Studio no estado do Alabama. Os projetos de graduação consistem em elementos urbanos em pequena escala, como marquises, pontes, praças, observatórios, mirantes, galpões, fornos e monumentos diversos, sempre com uma relação muito próxima com a natureza e os materiais locais. Entre 2004 e 2010, mais de cem projetos de graduação foram construídos a partir de um marcante desejo de auxílio social. Entre os responsáveis pela criação da escola estão Juan Román, formado em Valparaíso, e Juan Pablo Corvalán, membro fundador do grupo de vanguarda Supersudaka, e nos anos de fundação marcaram presença os professores visitantes Maurizio Pezzo, Eduardo Castillo, Smiljan Radic e Kazú Zegers entre outros.

capítulo 3

INÍCIO DA TEORIA E HISTÓRIA DA ARQUITETURA NO MÉXICO, VENEZUELA E PERU

Alberto T. Arai e a teoria e história da arquitetura no México

O México possui uma longa tradição no ensino da arquitetura, desde a fundação, em 1782, da Academia de San Carlos, instituição neoclássica e ilustrada, localizada no centro histórico da capital. Ao longo do século 20 predominou mais a construção de uma história da arquitetura mexicana, interpretada com um sentido nacionalista e seguindo os períodos políticos, do que o desenvolvimento da teoria da arquitetura, embora possamos encontrar uma base importante de teoria nos textos de arquitetos como José Villagrán García e Ignacio Díaz Morales, destacando-se sobretudo os textos de Alberto T. Arai. Até mesmo nos magníficos ensaios de Octavio Paz (1914-1998), especialmente nos trabalhos sobre a teoria da arte moderna, também há espaço para a arquitetura e urbanismo.

José Villagrán García (1901-1982) foi o autêntico introdutor e artífice da arquitetura moderna no México. Formado na Escola Nacional de Belas Artes da Cidade do México, Villagrán publicou muitos artigos e alguns livros, como *Meditaciones sobre uma crisis formal de la arquitectura* (1962), embora seu texto mais influente tenha sido *Teoría de la Arquitectura*, publicado originalmente em 1963.

Esse texto foi elaborado a partir de anotações feitas para os professores auxiliares das aulas de teoria da arquitetura que Villagrán ministrou durante mais de quarenta anos, entre 1924 e 1976, na Faculdade de Arquitetura da Unam. Foi professor de Composição desde 1924 e de Teoria da Arquitetura a partir de 1926. O livro foi revisado e reeditado postumamente em 1980 e 1983.

Em seus textos Villagrán se referia à ideia de um "ser humano novo moderno", defendendo o útil e o funcional; a economia e a confiança nos avanços técnicos do progresso, voltados para uma arquitetura social que surgia do programa; o valor da lógica e o valor estético na arquitetura. Villagrán citava em suas aulas Fiedler, Semper, Riegl, Worringer, Wolfflin e Dvorak, objetivando uma teoria da arquitetura que superasse o positivismo e o academicismo de Reynaud, Gromort e Guadet. Reconhecia sobretudo a influência da teoria estética de Benedetto Croce, que havia introduzido os teóricos contemporâneos na cultura latina, e seguia os textos de Sigfried Giedion e Bruno Zevi. Sua formação acadêmica na Belas Artes levou-o a desenvolver conceitos como caráter, estilo e proporção. Dois ápices de sua teoria foram a ênfase sobre os valores da cultura pré-hispânica – o que o levou a argumentar sobre a pertinência do lugar e a incorporação da paisagem – e a insistência sobre a primazia dos valores morais.

Em sua obra arquitetônica, Villagrán manteve esses valores sociais, a prevalência dos traços da cultura pré-hispânica, os critérios da composição acadêmica e a linguagem e técnica da arquitetura moderna.

Juan O'Gorman (1905-1982) foi um arquiteto que teve um início de carreira radicalmente moderno, com um racionalismo e funcionalismo programático em seus projetos de edifícios escolares, e que derivou em uma síntese própria e heterodoxa, pitoresca e organicista.

Ignacio Díaz Morales (1905-1992) foi quem apresentou a Barragán a obra de Ferdinand Bac – que tanta influência exerceu sobre a sua concepção de jardins – e quem elaborou e teorizou uma definição específica de arquitetura: "A arquitetura é a obra de arte que consiste no espaço expressivo delimitado por elementos construtivos para induzir o ato humano perfeito". Barragán e Díaz Morales estudaram na Escola de Engenheiros de Guadalajara e o segundo foi fundador da Escola de Arquitetura de Guadalajara em 1948, onde foi professor de Teoria da Arquitetura, Geometria Descritiva e Análise de Programas, experiência que usou como base para o ensino de sua teoria da arquitetura.

Alberto Teruo Arai (1915-1959), filho de mãe mexicana e de um diplomata japonês, teve uma educação extremamente cosmopolita e morou no Brasil, Chile, Peru e Espanha. Formado em arquitetura em 1940 na Unam, decidiu estudar filosofia, obtendo o doutorado em 1954 na Faculdade de Filosofia e Letras da Unam. Foi membro da efêmera União de Arquitetos Socialistas e criador da Associação México-Japonesa, em 1959. Alberto T. Arai publicou uma breve série de livros de teoria da arquitetura, além de muitos artigos. Sua primeira publicação foi *La arquitectura de Bonampak* (1950), escrito a partir da pioneira Expedição INBA às ruínas maias de Bonampak em 1949 e do descobrimento das arquiteturas escalonadas e das pinturas murais. Imediatamente depois publicou *La raíz humana en la distribución arquitectónica* (1950). Aqui destacamos "Caminos para uma arquitectura mexicana", publicado como ensaio em 1952 na revista *Espacios* número 9 e reeditado como livro pela historiadora Louise Noelle. Arai era um seguidor do racionalismo e maquinismo de José Villagrán e das interpretações puro-visualistas de Henri Focillon y de George Kubler.

Foi professor de Teoria da Arquitetura na Faculdade de Arquitetura da Universidade Nacional Autônoma do México – Unam a partir de 1952 até a sua morte, e à tríade vitruviana ele acrescentava um quarto valor arquitetônico que era a consciência social. Escreveu sobre "o horizonte aberto do homem histórico que sabe superar a limitação de sua constituição orgânica e somática, física e fisiológica, através da lucidez de sua consciência cognoscitiva, de sua vontade empreendedora e de seu sentimento artístico". Ao mesmo tempo defendeu a consciência da história da arquitetura mexicana como substrato essencial. Segundo ele, a consciência social e a consciência histórica não podiam ir contra a necessidade de tecnologização e utilidade. Arai preconizava uma síntese entre o antigo e o novo, entre a racionalidade e a irracionalidade, entre a emoção e a praticidade. Isso o levou a uma defesa da arquitetura com formas inclinadas de inspiração pré-hispânica, levada a cabo em seu projeto para os paredões da Unam realizados em 1953.

Por outro lado, é importante considerar o peso que teve na arquitetura mexicana a presença de diversos artistas alemães, especialmente nos anos 1940, quando arquitetos racionalistas como Hannes Meyer e Max Cetto ou o escultor Mathías Goeritz realizaram obras, colaboraram com os arquitetos mexicanos e transformaram os sistemas de ensino da arquitetura.

Hannes Meyer (1889-1954), arquiteto suíço, que havia sido o diretor da fase mais polêmica da Bauhaus entre 1928 e 1938 e que trabalhou na União Soviética entre 1930 e 1936, mudou-se para o México em 1939 e viveu ali até 1949, quando retorna à Suíça. Meyer havia escrito, entre outros, o combativo texto "El arquitecto en la lucha de clases". No México, trabalhou durante seis anos com José Villagrán García, Mario Pani, José Luis Cuevas e Enrique Yáñez, quando projetou arquitetura regionalista para o Comitê Administrativo do Programa Federal de Construção de Escolas – CAPFCE e promoveu o Instituto de Planejamento e Urbanismo, inspirado na experiência da Bauhaus. Entretanto a sua atividade foi marcada pela decepção e pela frustração. Deixou como legado muitos projetos (como o do concurso de Centro Esportivo Espanhol de 1942), palestras e artigos, aquarelas, óleos e gravuras, estes realizados com artistas e artesãos dentro do Ateliê de Gráfica Popular, ao qual se dedicou durante o final de sua estadia no México.

Outro autor altamente representativo da arquitetura mexicana de meados do século 20 é o arquiteto espanhol **Félix Candela** (1910-1997), que atuou como arquiteto e empreiteiro da empresa Cubiertas Ala. Candela foi o autor de uma obra baseada sobre estruturas leves e abobadadas em concreto armado e publicou muitos artigos, reunidos nos livros *Hacia uma nueva filosofia de las estructuras*, editado em Buenos Aires em 1962, e na coletânea *En defensa del formalismo y otros escritos*, editado em Madri pela editora Xarait em 1985. Candela atingiu um grande renome internacional, especialmente nos Estados Unidos, onde deu aula nos anos 1970 e onde faleceu.

Os escassos e poéticos textos e cartas de **Luis Barragán** (1902-1988) complementam com precisão a sua obra arquitetônica singular e pessoal. A eclosão da obra e dos textos de Barragán acontece em simultâneo à teorização de Ignacio Díaz Morales, seu companheiro em Guadalajara.

Venezuela e a teoria da arquitetura em torno a Carlos Raúl Villanueva

Na Venezuela, **Carlos Raúl Villanueva** (1900-1975), além de se destacar por sua obra arquitetônica, publicou diversos textos dedicados à própria obra, aos acontecimentos importantes da arquitetura contemporânea e à expansão da arquitetura moderna. Uma parte deles foi reunido na coletânea póstuma *Textos escogidos*, de 1980. A convergência de uma obra muito destacada – especialmente a Universidade Central de Venezuela em Caracas – e a publicação de seus textos fez de Villanueva uma figura central da arquitetura moderna venezuelana, em torno da qual gira sempre a historiografia e a crítica.

As qualidades das obras de Villanueva, seus espaços modernos, abertos e fluídos, que se expandem em expaços externos como a magnífica praça coberta da Universidade Central de Venezuela ou interiores adaptados ao clima tropical de suas casas, estão em sintonia com o ambiente pós-impressionista das pinturas de seu amigo Armando Reverón.

Em um desses textos escolhidos, intitulado "La síntesis de las artes" (1965), o autor da Cidade Universitária de Caracas e da praça coberta, elaborada com obras de arte abstrata e cinemática, escreve com clarividência e razão sobre a integração das artes. Após repassar e comentar as obras de Antoni Gaudí, Juan O'Gorman, Roberto Burle Marx e Joaquín Torres García, aponta o design italiano como o exemplo contemporâneo de integração entre arte e indústria.

Escreveu regularmente sobre Caracas, publicando em Paris o livro *Caracas de ayer y de hoy* (1950) e em Caracas os livros *El sentido de nuestra arquitectura colonial* (1952) e *Caracas en tres tempos* (1963).

Em estreita relação com Carlos Raúl Villanueva, com quem colaborou como desenhista, o historiador **Juan Pedro Posani**, professor de História da Arquitetura e Design a partir de 1959, elaborou uma teoria arquitetônica que buscava sintetizar o pensamento marxista e as interpretações regionalistas, exigindo da arquitetura moderna rigor funcionalista, versatilidade para se adaptar ao meio ambiente e respeito pela arquitetura colonial. Publicou *Arquitecturas de Villanueva* (1978), diversas coletâneas com seus desenhos e, em parceria com Graciano Gasparini, *Caracas a través de su arquitectura* (1969).

Peru e o Grupo Espaço: Luis Miró Quesada

No final dos anos 1930 e princípio dos anos 1940, a cultura arquitetônica no Peru passou por um período de forte modernização. Uma das forças motrizes foi **Fernando Belaunde Terry** (1912-2002), arquiteto que chegou a ser presidente do país de 1963 – ano em que ganhou as eleições democráticas – a 1968, quando foi deposto por um golpe militar. Belaunde Terry se graduou em arquitetura no Texas, Estados Unidos, quando seu pai era embaixador do Peru no México. Ao regressar ao Peru em

1. O Proyecto Experimental de Vivienda – Previ foi um concurso de arquitetura e urbanismo promovido pelo governo peruano, com apoio financeiro do Programa das Nações Unidas para o Desenvolvimento (PNUD), que abria espaço para novos conceitos e técnicas para a área habitacional.

1936 recém formado, promoveu três iniciativas fundamentais: editou a revista *El Arquitecto Peruano* (1937-1977); criou a Sociedad de Arquitectos (1937); e se incorporou ao corpo docente da Faculdade de Engenharia para ampliar a importância da área de arquitetura, que resultou na criação de departamento próprio, em 1948, e na fundação da Faculdade de Arquitetura, em 1950, tendo ele próprio como diretor. Durante a sua direção priorizou os projetos de habitação – uma de suas matérias na Faculdade de Arquitetura seguia a morfologia de "unidades de vizinhança", que aprendeu nos Estados Unidos – e aceitou organizar o Concurso Previ em Lima (1965-1975).[1] Como arquiteto destacou-se como teórico e prático do urbanismo moderno e como político levou a cabo a descentralização política e estabeleceu as eleições municipais. Foi reeleito presidente em 1980.

No Peru, o trabalho de fundamentar uma teoria da arquitetura moderna, de acordo com o contexto peruano, foi desenvolvido por **Luis Miró Quesada Garland** (1914-1994), expressando em seu livro *Espacio en el tiempo* (1945) uma cuidadosa reflexão teórica na qual os conceitos internacionais da arquitetura moderna sobre o espaço se fundem à arquitetura histórica peruana e às primeiras obras modernas no Peru.

Luis Miró Quesada estudou na Universidade Nacional de Engenharia de Lima – UNI, graduando-se como arquiteto construtor em 1940. Ao lado de arquitetos como Paul Linder, Luis Dorich, Carlos Williams, Adolfo Córdova, Sebastián Salazar Bondy e Fernando de Szyszlo, e de pintores, escritores e músicos como César de la Jara e Samuel Pérez Barreto, fundou o Grupo Espaço, cujo manifesto foi publicado em 1947. O Grupo Espaço defendia a necessidade e a competência da arte moderna, tanto no espaço como no tempo, em um mundo que tinha se transformado radicalmente. As ideias renovadoras do grupo foram publicadas nas páginas semanais do jornal *El Comercio* e na revista *Espacio*.

Em *Espacio en el tiempo*, Miró Quesada parte do pensamento de Immanuel Kant e se aproxima das teorias modernas da arte e do espaço de Schmarsow e Riegl, em sintonia com o que estavam escrevendo Giedion e Zevi naqueles anos. Miró Quesada anuncia a chegada de um "novo tempo" e de um "novo sentimento cósmico". Em seu livro defende uma síntese expressiva da tríade espaço, cultura e tempo, e refuta o pseudomodernismo que ridiculariza o antigo e faz tábula rasa do passado, e que se converte em um mero estilo.

O livro está estruturado em duas partes. Na primeira, apresenta a teoria sobre a nova arquitetura, suas relações com as novas tecnologias, com o clima e o meio ambiente, reivindicando o enunciado higienista de ar + luz + verde. Na segunda parte trata mais das obras arquitetônicas e do urbanismo, defendendo a dimensão social da arquitetura e atacando o academicismo, o ecletismo historicista e os estilos falsamente modernos. Seu livro termina com a defesa de uma nova forma social: "O urbanismo nada mais é do que a função social da arquitetura, é o prolongamento do exercício da arquitetura, do problema individual ao problema coletivo".

2. Ver GUTIÉRREZ, Ramón; BELAUNDE MARTÍNEZ, Pedro. *Héctor Velarde*. Lima, Epígrafe, 2002.

Miró Quesada foi inicialmente professor de Análise da Função Arquitetônica no Departamento de Arquitetura, a partir de 1946, e logo depois da Faculdade de Arquitetura que, dentro da Universidade Nacional de Engenharia, havia sido fundada por Belaunde Terry. Mais tarde, Miró Quesada publicou novos textos, como *Introducción a la teoría del diseño arquitectónico*, reeditado em 2003.

Um pouco anterior e contemporânea à proposta moderna de Miró Quesada, **Héctor Velarde** publicou *Nociones y elementos de la arquitectura* (1933), um livro que se movia entre a sobrevivência do academicismo historicista (Guadet, Gromort), a continuidade do racionalismo francês (Viollet-le-Duc, Choisy), a recuperação das raízes peruanas e o olhar sobre a arquitetura moderna. Esse texto representa a linha da arquitetura nacionalista peruana, sempre vigente, baseada sobre a reinterpretação da arquitetura pré-colombiana e colonial.[2]

Velarde tornou-se amigo de Josep Lluís Sert depois deste visitar com Paul Lester Wiener as cidades de Chimbote (1946) e Lima (1947), quando desenvolveram os respectivos planos-piloto. Em decorrência da amizade, Sert conseguiu que Giedion convidasse Velarde a participar do Ciam de Bergamo em 1949, embora Velarde não pudesse comparecer. Trata-se de uma afinidade muito curiosa, pois, ao longo de sua obra, Velarde realizou uma arquitetura totalmente eclética, baseada sobre os critérios de composição, que variava de linguagem segundo a encomenda: acadêmica, art déco, racionalista, historicista, nacionalista etc. O fato de Velarde, embora um arquiteto eclético, ter sido convidado por Sert e Giedion a participar de um Ciam – e Luis Miró Quesada, o defensor da arquitetura moderna, não – jamais foi aceito ou compreendido por este último.

É preciso também destacar o ensaio *Formas estéticas* de **Emilio Harth Terré** (1899-1983), escrito em 1965 como guia do curso de Teorias Estéticas da Universidade Nacional Federico Villareal de Lima e publicado em 1976. Tratando sobre o espaço e o tempo, o livro repassa as definições de Aristóteles e Santo Agostinho até Bergson e Bachelard, dando especial atenção à teoria da arte contemporânea do fim do século (Schmarsow, Van de Velde, Volket) e à visão espiritualista da arte (Kant, Hegel e Nietzsche).

Outros contextos

Além dos exemplos destacados da elaboração da teoria moderna na Argentina, Brasil, México, Venezuela, Chile e Peru, em outros países latino-americanos também foram elaboradas uma teoria e crítica a favor da arquitetura moderna.

No caso da Colômbia, que trataremos na segunda parte, isso ocorreu através de uma intensa atividade editorial, desde a criação da revista Proa em 1947, fundada por Jorge Arango Sanín e Manuel de Bengoechea e dirigida por Carlos Martínez, até a publicação de compilações como a de Eduardo Samper, *Arquitectura Moderna en Colombia* (2000).

SEGUNDA PARTE

A consolidação da teoria da arquitetura na América Latina

É nos anos 1960 – após uma valiosa política de publicações e traduções, com destaque para as editoras argentinas, mexicanas e venezuelanas – que se consolida uma crítica própria na América Latina. O auge da consolidação da teoria sobre a prática na América Latina se expressará nas diversas publicações e na criação dos Seminários de Arquitetura Latino-americana – SAL em 1985. Estes fatos terão impacto em muitos países, especialmente na Argentina.

capítulo 4

A CONSOLIDAÇÃO DA TEORIA DA ARQUITETURA NA ARGENTINA

A concepção teórica de Marina Waisman

A contribuição mais importante à crítica da arquitetura na América Latina foi a de Marina Waisman, autora de livros tão fundamentais como *La estrutura histórica del entorno, El interior de la historia* e *La arquitectura descentrada*.

Marina Waisman (Buenos Aires 1920 – Córdoba 1997) se graduou arquiteta na Universidade Nacional de Córdoba em 1945, iniciando desde então uma interpretação da cultura arquitetônica contemporânea a partir do contexto latino-americano. Extremamente culta, tendo como base uma cultura radicalmente crítica, Marina Waisman se destacava por sua cordialidade e capacidade de liderança, segurança e precisão. Foi professora da Universidade Nacional de Córdoba entre 1948, quando foi criada a primeira cadeira de Arquitetura Contemporânea, até 1971, quando abandonou a universidade pública por discordar de seu funcionamento e de sua situação interna. Entre 1956 e 1959 ministrou aulas em Tucumán com seu mestre Enrico Tedeschi, criando com ele e com Francisco Bulrich o Instituto Interuniversitario de História da Arquitetura – IIDEHA (1959).

Depois de renunciar à universidade pública, Waisman se incorporou em 1974 à Faculdade de

Arquitetura da Universidade Católica de Córdoba. Ali pôde desenvolver seu grande interesse pelo estudo e conservação do patrimônio arquitetônico, criando o Instituto de História e Preservação do Patrimônio e formando novas gerações de arquitetos especialistas em história e conservação da arquitetura.

Em 1970 havia estabelecido os primeiros contatos e colaborações com a editora e revista *Summa* de Buenos Aires, dirigida pela editora Lala Méndez Mosquera. Marina Waisman colaborou com a revista *Summa* de 1975 a 1990 e dirigiu a partir de 1976 a série *Summarios*, criada por ela, que divulgou a arquitetura internacional no contexto latino-americano até 1990.

Sua primeira grande interpretação apareceu no livro *La estructura histórica del entorno* (1972), escrito na onda da crise geral da arquitetura no final dos anos 1960 e dos graves problemas vividos pela universidade até 1970. Face ao descrédito profissional, propunha uma revisão das interpretações sociológicas e estruturalistas, demonstrando um conhecimento detalhado e profundo de todas as correntes de pensamento vigentes nos anos 1960 e uma especial sensibilidade artística. Muito avançada para a sua época, e seguindo os princípios da história das "mentalidades", Marina Waisman escreveu um livro que não tratava de monumentos singulares e isolados, mas de estruturas e do entorno: a história se convertia em múltipla e descontínua, e não linear e contínua, onde o que importava eram os movimentos e não os acontecimentos individuais. Nesse livro, Marina Waisman estabeleceu uma crítica às limitações do conceito de tipologia arquitetônica elaborado naquele momento pela cultura arquitetônica italiana.

De fato, *La estructura histórica del entorno* era uma interpretação da cultura latino-americana a partir do livro publicado em 1968 por Manfredo Tafuri, *Teorie e storia dell'architettura*: tinham abordagens similares, propunham um enfrontamento da crise da arquitetura do movimento moderno a partir de um estudo lúcido da questão, se debruçavam com ênfase crítica sobre o conceito de tipologia e demonstravam uma grande capacidade em não reduzir a arquitetura a um objeto isolado, valorizando uma interpretação fundada no contexto social e ideológico.

Marina Waisman demonstrou seu trabalho refinado e sistemático sobre as metodologias da história em El interior de la historia. *Historiografía arquitectónica para uso de Latinoamérica* (1990). Apesar de adotar o pluralismo e de escrever contra a nostalgia da centralidade, o mecanismo mental de Marina Waisman sempre continuou dentro da ética do humanismo – "o patrimônio de um país é o seu povo", escreveu –, dos métodos de racionalismo analítico, que busca uma visão coerente do mundo, e dos objetivos do estruturalismo, que busca sentidos subjacentes. A todos esses temas ela tentou agregar a interpretação do ecletismo, dispersão e caos contemporâneos.

O livro *El interior de la historia* parte da necessidade de operar instrumentos próprios para a crítica da realidade latino-americana. Segundo Marina Waisman, tudo o que é próprio deve ser interpretado com olhos próprios. Para tanto, a autora desmonta os mecanismos historiográficos eurocêntricos com o objetivo de refletir sobre a história singular da arquitetura nos países latino-americanos.

Uma de suas contribuições mais importantes, também presente nesse texto, foi o uso do conceito de "transculturação" ou transposição dos critérios arquitetônicos e urbanos pertinentes a um contexto determinado – como a Europa ou Estados Unidos – a outro muito diferente – como os países latino-americanos – e, portanto, o desdobramento de todas as cautelas e críticas possíveis que comporta importar conceitos que podem ser inadequados.

Outro objetivo de Marina Waisman foi tentar desenvolver um conceito alternativo ao de "regionalismo crítico" proposto por Frampton, Tzonis e Lefebvre, defendendo a possibilidade de um "regionalismo divergente" no encaminhamento da cultura pós-moderna.

Marina Waisman propõe no início do livro que "a desmontagem dos mecanismos da historiografia é uma operação fundamental para a leitura crítica que torne possível a consciência da própria posição diante da arquitetura. A história nunca é definitiva, pois se reescreve continuamente a partir de cada presente, de cada circunstância cultural e a partir das convicções de cada historiador. Saber decifrar as motivações, intenções, ideologias que em cada caso dominam uma obra historiográfica é o primeiro passo obrigatório para o conhecimento". E conclui perguntando-se: "fala-se sobre uma 'modernidade adequada' (Cristián Fernández Cox) ou sobre a necessidade de coincidir o 'espírito do tempo com o espírito do lugar' (Enrique Browne). Mas não seria este o momento de abandonar definitivamente a ideologia da modernidade? Não seria o momento de aceitar plenamente as condições de passagem à cultura pós-moderna? Se pensamos que a ideologia da modernidade coloca no centro dos valores a categoria do novo, o desenvolvimento tecnológico com finalidade em si; e se, por outro lado, advertimos que a cultura pós-moderna representa uma ruptura com a história única, o deslocamento dos valores para a margem, a concepção de valores ligados ao processo de nascer/crescer/morrer... Não seriam esses os parâmetros possíveis para fundar um projeto latino-americano?"

O percurso intelectual de Marina Waisman terminou analisando o mundo descentrado e fragmentado do final do século 20 em *La arquitectura descentrada* (1995).

A contribuição de Marina Waisman se evidencia tanto em seus livros e publicações na revista *Summa* e na coleção *Summarios*, como na influência que teve sobre discípulos tão qualificados como César Naselli, do qual trataremos na terceira parte deste livro, autor de livros como *De ciudades, formas y paisajes* (1992) e criador do neovanguardista Instituto de Projeto da Faculdade de Arquitectura da Universidade Católica de Córdoba. Nesse instituto promoveu-se uma relação totalmente nova entre teoria e projeto mediante o incentivo de mecanismos criativos. A herança de Marina Waisman tem sido reunida desde 1998 na revista do Centro Marina Waisman de Formação de Pesquisadores em História e Crítica da Arquitetura, de Córdoba, intitulada *MW*.

A utopia do estar americano: a cosmovisão de Claudio Caveri

Outra grande contribuição é a do arquiteto argentino **Claudio Caveri** (1928-2011), pensador incansável da condição humana no mundo contemporâneo. Filho de um engenheiro italiano, Caveri se formou como arquiteto na Faculdade de Arquitetura e Urbanismo de Buenos Aires em

1950. Em paralelo, estudou arte com os renomados críticos Jorge Romero Brest e Damián Bayón. Em 1949, fundou com Horacio Berreta e Efrén Lastra o grupo Pedro de Monterán, que editava a revista *Hacer*. Com Eduardo Ellis e outros arquitetos, criou o chamado movimento das "Casas Brancas", que apresentou como manifesto a igreja de Fátima em Martínez (1951-1958).

Em 1958, Caveri fundou a Comunidade Terra com um grupo de arquitetos, artistas, artesãos e pedagogos em Trujui, município de Moreno, Buenos Aires, com o desejo de romper com a sociedade estabelecida e com a arquitetura racionalista internacional. Partindo da tradição do cristianismo de base (Theillard de Chardin), do socialismo utópico e do anarquismo, e em sintonia com os movimentos como as comunas e os *hippies*, o grupo construiu comunidades de casas brancas, com meios artesanais, participação dos usuários e recorrência de formas orgânicas, leves e espontâneas. Todas essas razões levaram Caveri e companheiros a adotarem o modelo wrightiano dos subúrbios-jardim como referência, dentro de uma posição essencialmente antivanguardista e antimetropolitana.

A Comunidade Terra expressa o desejo de se distanciar das lutas, atribuições e ambições da sociedade ocidental e fundar uma nova sociedade americana, que prioriza o estar, a vivência, a experiência e a solidariedade – que deveriam ser as características do viver latino-americano – em detrimento do ser, do poder, da posse e da aparência, valores que formam o motor essencial do individualismo fomentado pelo capitalismo ocidental de raiz europeia. Para Caveri, a política como instrumento de reforma para o ser humano fracassou. A salvação e regeneração do homem passam pela dissolução do poder, não por sua apologia. Face à objetivação da revolução por parte do marxismo ocidental, defende a liberdade individual e criativa do anarquismo de raiz oriental.

Após a experiência docente dos anos 1950 e 1960, o grupo se autovaliou e decidiu que sua atividade deveria reforçar uma vertente essencialmente pedagógica, o que resultou na fundação em Trujui da Escola Técnica Integral, onde se ensina aos jovens dos bairros vizinhos de baixa renda os conhecimentos técnicos e manuais da construção: alvenaria, eletricidade, instalações, reboco, carpintaria etc.

É comum que a arquitetura da crítica radical recorra a formas orgânicas, relacionadas com a natureza e inspiradas no modelo da arquitetura de Wright. No caso da arquitetura gaudinianas e wrightianas da Comunidade Terra em Moreno, a influência de Wright se deve tanto à necessidade funcional de formas orgânicas como ao fato de Wright ser identificado como o arquiteto americano por excelência. Para atender melhor à realidade e à autoconstrução, adotada-se formas orgânicas, expansíveis, feitas com partes que se estendem e se unem; são formas quase autoconstruíveis.

A singular capacidade teorizadora de Caveri percorre seus livros, dos anos 1960 até a atualidade. Destacam-se obras como *El hombre a través de la arquitectura* (1965), *Los sistemas sociales a través de la arquitectura. Organización popular y arquitectura latino-americana* (1975), *Ficción y realismo mágico en nuestra arquitectura* (1987) e *Mirar desde aquí o la visión oscura de la arquitectura* (2001). Em todos eles utiliza o pensamento sobre a arquitetura como instrumento de reflexão, crítica e problematização tanto do sentido filosófico do universo humano como do habitar.

Seu livro mais influente é *Una frontera caliente. La arquitectura americana entre el sistema y el entorno* (Syntaxis, Buenos Aires, 2002), uma crítica global minuciosa à cultura europeia. O percurso feito pelo autor através da história é ao mesmo tempo sedutor e esquemático, lúcido e profundo, e ao mesmo tempo inquietante. Sua crítica à cultura europeia está baseada sobre a interpretação da dualidade da tradição ariana do trabalho e a tradição semita de estar no mundo.

De todos modos, na cosmovisão proposta por Caveri na América, minimiza-se um fato essencial: a cultura que começa a ser dominante nos anos 1960 é a norte-americana, impondo seus modos de vida. A partir de seu "americanismo", Caveri vê os Estados Unidos como uma referência fundamental e não como uma ameaça perigosa. Contudo, por que não estabelece uma possibilidade de nexo, conexão ou união entre o filho mais novo da senhora Europa – o existencialismo de Albert Camus, a fenomenologia de Edmund Husserl, a etnologia de Claude Lévi-Strauss ou o pós-estruturalismo de Derrida, Deleuze e Guattari – com os pensamentos ou correntes artísticas latino-americanas mais progressistas? A resposta de Caveri é contundente e consiste em argumentar que a tradição humanista, existencialista, fenomenológica e pós-estruturalista europeia sempre é minoritária e sempre foi dominada pelas forças exploradoras e repressivas dominantes da Europa ariana. É por isso que ele propõe um "estar latino-americano" no lugar de um "querer ser europeu", com seu individualismo exacerbado e voltado essencialmente para a exploração. Trata-se de buscar modos de habitar a América, sem competências e ambições, convivendo, compartilhando e vivendo sobre a terra com espírito comunitário.

No seu último livro – *Y América ¿Qué? Balance entre el ser y el estar como destino del hacer americano y el reflejo en su arquitectura*, publicado pela Syntaxis de Buenos Aires em 2006 – Caveri desenvolve os argumentos críticos contra o racionalismo europeu – "a ruptura da modernidade europeia", como ele as designa –, a partir das reflexões do filósofo Martin Heidegger. O livro de Caveri tem um prólogo do arquiteto argentino Pablo Beitía e parte do trabalho antropológico desenvolvido por um discípulo argentino de Heidegger, Rodolfo Kusch, que estudou os elementos essenciais da cultura popular argentina, defendendo os valores de um primitivismo que não pode ser perdido. Caveri se filia à crítica ao capitalismo da Escola de Frankfurt, especialmente Jürgen Habermas, à teoria dos sistemas de Niklas Luhmann e ao pensamento sobre o Outro, de Immanuel Levinas.

Em todo caso, a obra arquitetônica, a docência e o pensamento de Caveri são emblemáticos de sua grande capacidade de experimentação e conceituação da cultura do Novo Mundo, o "laboratório americano" como o denominou Roberto Fernández, um território no qual ainda é possível experimentar a utopia e propor outra filosofia.

capítulo 5

A busca de uma arquitetura e uma teoria próprias

Nessa seção estudaremos as contribuições dos anos 1970 e 1980 que deram mais ênfase ao regionalismo latino-americano, como signo de maturidade face a um certo cosmopolitismo acrítico.

Nos anos 1980 houve uma curiosa aliança entre o marxismo ortodoxo, representado por Roberto Segre, e o regionalismo de autores como Ramón Gutiérrez e Silvia Arango. Essa maturidade se manifestará na criação do SAL.

É necessário reconhecer que nos textos de Segre há uma visão pós-colonialista, que busca diminuir a importância da arquitetura dominante e relevar a realidade arquitetônica e urbana de países em desenvolvimento.[1] Nesse aspecto, se assemelha à visão ampla de William Curtis, embora nesse caso não deixe de ser uma interpretação colonialista.

A evolução da ortodoxia marxista

Ainda falta realizar a tarefa de revisão e valorização da crítica ortodoxa marxista, que nos anos 1960 e 1970 teve uma importante relevância na crítica latino-americana e que atualmente tem deixado um certo rastro de frustração. Os textos de autores como Roberto Segre, Rafael López Rangel e Otília Arantes, para citar três dos

1. Como no capítulo 31, "Modernidade, tradição e identidade no mundo em desenvolvimento", do livro: CURTIS, William. *Arquitetura moderna desde 1900*. Porto Alegre, Bookman, 2008, p. 567-588.

mais representativos, tiveram grande importância, com um forte espírito crítico e consciência social. Ainda está pendente e necessária a consolidação de uma teoria crítica pós-marxista e não ortodoxa, uma reinterpretação e atualização das partes ainda válidas da tradição marxista, aquelas que são mais atemporais, ou seja, as partes não marcadas pela historicidade, aquelas que ampliam uma análise profunda e crítica dos fenômenos e sistemas de objetos, superando dogmatismos.

São muito relevantes os escritos de **Roberto Segre** (Milão, 1934 – Niterói, 2013), que estudou arquitetura na Universidade de Buenos Aires e é autor, dentre muitíssimos textos, de *América Latina en su arquitectura* (1975), do qual foi editor, e de *La Historia de la arquitectura y el urbanismo en los países desarrollados*. Siglos XIX y XX (1985), onde se vê a valorização das obras nas quais predominavam os critérios sociológicos e ideológicos sobre aqueles puramente arquitetônicos, tecnológicos, formais e espaciais. Segre residiu em Cuba de 1963 até meados dos anos 1990, desenvolvendo um trabalho de crítica e de história com uma perspectiva socioeconômica, similar à do arquiteto e teórico cubano Fernando Salinas. Seu conhecimento e sua grande habilidade para a escrita lhe permitiu continuar seu trabalho de historiador e crítico após a crise dos países do chamado "socialismo real", atualizando seus critérios e conceitos.

Especialista sobre o início da arquitetura racionalista no México, **Rafael López Rangel** publicou, entre outros, *La modernidade arquitectónica mexicana, antecedentes y vanguardias* 1900-1940 (1989), um livro que pesquisa com rigor e precisão esse período, começando com a arquitetura urbana coletivista e neocolonial do início do século 20, passando pela arquitetura déco, a introdução do concreto armado e a revista *Forma* (1926-1928), até chegar na arquitetura moderna com as intervenções de Diego Rivera e o Plano de Estudos de Arquitetura de 1931.

A parte mais importante do livro comenta "As duas linhas do funcionalismo arquitetônico mexicano. 1932-1940", abordando as obras de Juan O'Gorman e o sistema de escolas Bassols-O'Gorman, as obras de José Villagrán García, Luís Barragán, Juan Legarreta e Mario Pani, além da criação da União dos Arquitetos Socialistas em 1938, da qual fizeram parte Enrique Yáñez, Raúl Cacho e Alberto T. Arai. O livro termina com a contribuição ao ensino da arquitetura por parte de Enrique Yánez e com a presença do arquiteto alemão racionalista radical, Hannes Meyer. O texto de López Rangel aborda exclusivamente a cidade do México e enfatiza os fatos mais infraestruturais e econômicos, os processos urbanos e planos de estudo, ou seja, a cultura material.

Em parceria, Rafael López Rangel e Roberto Segre publicaram diversos livros, como *Architettura e Territorio nell'America Latina* (1982) e *Tendencias arquitectónicas y caos urbano en América Latina* (1986).

Seria preciso superar certo dogmatismo maniqueísta e simplista de autores como Roberto Segre e Otília Arantes para gerar uma nova corrente pós-marxista que, mantendo a primazia do âmbito econômico, social e político, e a exigência primordial de justiça e igualdade, aceite, como fez Walter

Benjamin, que a superestrutura da arte e da cultura mantém uma relação dialética com a infraestrutura produtiva. Enquanto isso não ocorrer fica em suspenso uma posição especialmente crítica e exigente em relação às questões sociais.

Atualmente, as correntes baseadas sobre as análises exclusivamente formalistas são as que têm mais facilidade para ter uma continuidade. Por isso seria vital reconstruir o projeto crítico de uma linha interpretativa pós-marxista, que sintetize a crítica interpretativa do marxismo não ortodoxo com a capacidade de análise formal e profunda das obras, e que abandone dogmatismos, clichês, preconceitos e esquematismos.

A utopia americana: Fruto Vivas na Venezuela

No vazio de alternativas deixado pela crise do marxismo ortodoxo foram brotando teorias e utopias próprias do estar, existir e construir na América Latina, aquelas que, a partir da experiência e da técnica, geraram conceitos e práticas libertários próprios da América Latina. Além das experiências citadas da Cidade Aberta de Valparaíso no Chile e da Comunidade Terra em Moreno, província de Buenos Aires, destaca-se o exemplo de Fruto Vivas na Venezuela.

Continuando e atualizando a tradição social marxista com a confiança nas diversas disponibilidades tecnológicas, o arquiteto venezuelano **Fruto Vivas** (1928) teorizou e legitimou uma corrente ecológica e criativa na arquitetura contemporânea, que parte da defesa das culturas aborígenes e que aparece resumida em seu livro *Reflexiones para un mundo mejor*, de 1983. Fruto Vivas se formou arquiteto na Faculdade de Arquitetura e Urbanismo da Universidade Central da Venezuela em 1955. Nessa mesma escola foi professor de Projeto e Materiais de Construção de 1955 até 1961 e, entre 1966 e 1968, dirigiu o Departamento de Técnicas Construtivas da Direção de Pesquisas Técnicas do Ministério de Construção de Havana.

Trata-se de um desejo singular de fundir as formas que se adaptam à natureza tropical com os meios tecnológicos. É uma posição contrária ao domínio tecnocrático, propondo "casas-árvore" muito leves e lutando por uma arquitetura social – em muitos casos autoconstruídas por seus usuários, em outros casos realizados por ateliês de artesãos formados pelo próprio arquiteto, e em certos casos recorrendo a formas megaestruturais. A proposta de Fruto Vivas poderia ser considerada como uma espécie de Yona Friedman tropical.

Fruto Vivas na Venezuela, Eladio Dieste no Uruguai, Félix Candela no México e a Cooperativa Amereida no Chile demonstram a importância de abrir novos caminhos na arquitetura latino-americana, que partem de uma sensibilidade especial pela cultura material de cada lugar, conseguindo o máximo a partir das próprias disponibilidades tecnológicas e humanas de cada cultura.

O regionalismo de Silvia Arango na Colômbia

Na Colômbia, o trabalho de consolidar uma historiografia e uma crítica da arquitetura esteve especialmente em mãos dos autores Silvia Arango,

Carlos Niño Murcia e Alberto Saldarriaga. É curioso como a construção historiográfica não é suficientemente madura se comparada ao alto nível da arquitetura contemporânea colombiana, ainda há hiatos em muitos aspectos. Curiosamente, à qualidade da arquitetura contemporânea colombiana não tem correspondido uma construção historiográfica suficientemente madura, sendo ainda insatisfatória em muitos aspectos.

O livro crucial é *Historia de la arquitectura en Colombia* (1989), de **Silvia Arango**, formada na Universidade de Los Andes em Bogotá, na Oxford Polytechnic e na Universidade de Paris XII. Esse livro parte da construção historiográfica baseada sobre a pesquisa coletiva liderada pela própria autora, apresentada como exposição e finalmente publicada como livro. Trata-se de uma obra imprescindível para entender a arquitetura colombiana, embora mereça ser revista, na medida em que padece de certo esquematismo. Como exemplo, o livro estabelece um período de transição de 1930 a 1945, no qual já existe arquitetura moderna, como a da Cidade Universitária, dirigida por Leopoldo Rother, e estabelece um período de movimento moderno (1945-1970) que termina com a arquitetura em tijolo de Rogelio Salmona. Sem desmerecer a grande qualidade da obra de Salmona e seu indiscutível lugar central na arquitetura contemporânea, de fato houve diferentes correntes e períodos sobrepostos, mas a ênfase outorgada à arquitetura regionalista em tijolo diminui a importância da arquitetura racionalista colombiana do período 1935-1965, sem conferir a necessária importância a autores como Guillermo Bermúdez.

Estão ausentes também interpretações que integrem as novas gerações de arquitetos, alguns deles herdeiros da tradição racionalista, caso de Daniel Bermúdez e outros, como Giancarlo Mazzanti em Bogotá e os irmãos Miguel e Felipe Mesa em Medellín, que têm desenvolvido novos sistemas e diagramas arquitetônicos nos projetos de escolas, bibliotecas e outros edifícios públicos.

Existem outros teóricos colombianos destacados, como **Alberto Saldarriaga Roa**, cuja coletânea *La arquitectura como experiencia. Espacio, cuerpo y sensibilidad* (2002) é uma reflexão cuidadosa a partir do ponto de vista da experiência, da fenomenologia e da cultura da arte sobre a arquitetura, a cidade e a paisagem, postura que se explica a partir de sua formação e experiência em Cosanti trabalhando para Paolo Soleri.

Falta falar de **Carlos Niño Murcia** (1950), autor, entre outros livros, do importante volume *Arquitectura y Estado* (2003), publicado pela Universidade Nacional da Colômbia. Carlos Niño se formou arquiteto na Universidade Nacional da Colômbia em 1972, onde desde 1976 é professor de História da Arquitetura; também se formou em História da Arte no Instituto de Arte e Arqueologia da Universidade de Paris-Sorbonne entre 1974 e 1976, e cursou a pós-graduação em Teoria e História da Arquitetura entre 1974 e 1976 na Architectural Association em Londres. Em seu livro analisa, no período entre 1905 e 1960, a materialização na Colômbia da ideia de Estado, com os edifícios públicos atuando como modelos e com as influências internacionais de Le Corbusier, Sert, Wiener, Gropius, Candela e Villanueva.

A "outra arquitetura" segundo Enrique Browne

No fim dos anos 1980, o arquiteto chileno **Enrique Browne** (1942) publicou um livro essencial dentro da tradição regionalista latino-americana, *Otra arquitectura en América Latina* (1988), no qual estabelece duas linhas de evolução:

a que ele denomina arquitetura de desenvolvimento, de raiz racionalista e tendência internacional, representada pela obra de autores como Oscar Niemeyer, Félix Candela, Emilio Duhart, José Villagrán García, Amancio Williams e Carlos Raúl Villanueva; e a "outra arquitetura", de regionalismo latino-americano, com a obra de Luis Barragán, Eladio Dieste, Rogelio Salmona e Severiano Porto, na qual está presente a influência da arquitetura neovernacular. No final dos anos 1980, a mitificação de Luís Barragán, falecido em 1988, havia chegado ao auge.

Trata-se de uma divisão um pouco maniqueísta, já que é difícil estabelecer na realidade da produção e das ideias a fronteira entre as arquiteturas internacionalista e a regionalista, já que qualquer obra tem doses dos dois ingredientes. Além disso, o conceito de "regionalismo crítico" de Kenneth Frampton, que Browne indiretamente faz alusão, comporta um prêmio de consolação outorgado pelos centros culturais pretenciosos, que mantêm as obras da periferia em um lugar secundário. Esse desejo de uma visão regionalista e localista da América Latina resulta em um esquema forçado.

Enrique Browne, arquiteto com obra projetual muito destacada e de linguagem internacional, apresenta no compêndio *Otra arquitectura en*

América Latina um livro muito conjuntural, muito pensado em relação às propostas dos Seminários SAL. Enfatiza-se a linha americana da arquitetura relacionada com o lugar – ou seja, as tradições em princípio mais locais e minoritárias (Barragán, Salmona, Porto) – face às mais internacionalistas (Niemeyer, Villanueva, Candela), que correspondem à parte mais produtiva e mais difundida por toda a América Latina.

A criação e a história dos Seminários de Arquitetura Latino-americana – SAL

Por fim, os SAL, como fenômeno de síntese e maturidade, solicitam uma análise própria. Em 1985, um grupo de arquitetos latino-americanos que participava da Bienal de Arquitetura de Buenos Aires se rebelou com a pouca importância dada pelo evento à arquitetura do continente e com o predomínio das estrelas convidadas da arquitetura internacional. Os descontentes decidiram se afastar e se reuniram na Faculdade de Arquitetura da Universidade de Buenos Aires, constituindo o primeiro SAL. Esse foi o nascimento dos Seminários de Arquitetura Latino-americana, que voltaram a se reunir em 1986 para o segundo seminário organizado pela revista *Summa* em Buenos Aires. As reuniões posteriores ocorreram na seguinte ordem: o III seminário em Manizales (Colômbia), em 1987; o IV em Tlaxcala (México), em 1989; o V em Santiago do Chile, em 1991; o VI em Caracas, em 1993; o VII em São Paulo/São Carlos, em 1995; o VIII em Lima, em 1999; o IX em San Juan de Puerto Rico, em 2001; o X em Montevidéu, em 2003; o XI na Cidade do México, em 2005; o XII em

Concepción (Chile), em 2007; o XIII no Panamá, em 2009; o XIV em Campinas (Brasil), em 2011; e o XV em Bogotá, em 2013. A ideia inicial dos SAL foi alternar as sedes no norte e sul do continente.

Aos SAL estiveram presentes tanto os críticos e historiadores da arquitetura – Marina Waisman, Roberto Fernández, Ramón Gutiérrez, Silvia Arango, Alberto Saldarriaga, Antonio Toca, Edward Rojas e Cristian Fernández Cox –, como os arquitetos profissionais – Rogelio Salmona, Juvenal Baraco, Togo Díaz, Jorge Moscato e Severiano Porto –, incluindo os autores que se encontram nos dois campos, como Enrique Browne e Humberto Eliash.

Dentro das coordenadas do regionalismo crítico – embora com interpretação distinta às de Frampton, Tzonis e Lefebvre –, nos SAL têm predominado a reflexão sobre a identidade latino-americana e sobre a questão historiográfica, a pesquisa e os recursos metodológicos, tendendo a maioria deles em enfatizar a revalorização do patrimônio e da paisagem e, nas últimas edições, insistindo sobre as questões do meio-ambiente e da arquitetura bioclimática. Um dos temas recorrentes tem sido o espaço público, com a revalorização da praça tradicional. Com o passar dos anos, tem ocupado maior espaço nos seminários o enfrentamento das grandes cidades no contexto da globalização. A organização do próximo SAL é decidida em cada edição, quando uma universidade é escolhida como sede, com a colaboração de outras instituições municipais ou institucionais.

Nos SAL se verifica uma passagem do pensamento crítico, em algum caso de raiz marxista, a uma preocupação com a identidade e o localismo.

Alguns dos críticos marxistas se converteram a esse regionalismo latino-americano. Paradoxalmente, a passagem caminha do internacionalismo marxista para o nacionalismo identitário.

Sem dúvida, esses seminários têm sido imprescindíveis para estabelecer redes de conhecimento e amizade entre os arquitetos, historiadores e críticos latino-americanos e para frear o domínio da cultura europeia e norte-americana. Ao mesmo tempo, significaram o reforço de uma corrente doutrinária. Em todo caso, a criação e evolução dos SAL é a demonstração mais privilegiada da consolidação e amadurecimento da crítica de arquitetura na América Latina.

E uma das propostas teóricas mais destacadas dentro dos SAL é aquela baseada sobre o conceito de "modernidade apropriada", que Cristián Fernández Cox, muito inteligentemente, contrapõe à de regionalismo crítico de Kenneth Frampton.

Cristián Fernández Cox e outras contribuições

A influência teórica do professor e arquiteto chileno **Cristián Fernández Cox** (1935-2014) é fruto de muitos livros. Um dos últimos é *Orden Complejo en arquitectura. Teoría básica del processo proyectual* (2005), uma análise muito culta, clara e brilhante que, graças à sua proposta sistemática e didática, lembra o *Tractatus Lógico-Filosófico* de Ludwig Wittgenstein. Parte da premissa chave de situar o conceito de habitabilidade como essência da arquitetura. Face à complexidade do processo de projeto contemporâneo, Fernández Cox propõe uma nova teoria da arquitetura, seguindo um pensamento fundacional e um método sistêmico. Ao invés de oferecer receitas, trata-se de aprender a organizar problemas. Para isso, Fernández Cox distingue diferentes concepções de modernidade: entre uma modernidade ilustrada e acadêmica e uma modernidade harmônica, organicista e humanista; e entre o conceito geral de modernidade e a experiência concreta do racionalismo analítico mecanicista da ilustração. Para tanto, o autor dispõe de uma sólida cultura humanista, que colhe referências de tratadistas como o biólogo François Jacob e o sociólogo Alfred Weber, irmão de Max Weber. Embora no final do livro ele deixe entrever um certo peso das visões milenaristas e cíclicas do hegelianismo conservador ao usar textos de Toynbee, Spengler e Fukuyama, isso é compensado com um hegelianismo progressista que vê a raiz da modernidade na busca de um mundo mais justo e que propõe como síntese uma modernidade harmônica, que chama de transmodernidade.

No âmbito de outras contribuições, cabe destacar o arquiteto **Jorge Rigau**, de Porto Rico. Diretor durante muitos anos da Escola de Arquitetura de San Juan, ele impulsou um profundo debate sobre o patrimônio e a arquitetura contemporânea, propondo um cuidadoso diálogo entre continentes, a partir de sua estratégica posição caribenha.

Esse panorama de maturidade se completa com livros como *Panorámica de la Arquitectura Latinoamericana*, que consiste em uma série de entrevistas realizadas por Damián Bayon, crítico de arte argentino discípulo de Pierre Francastel, junto a arquitetos latino-americanos destacados, com fotografias de Paolo Gasparini, editado pela Unesco em 1977.

Até aqui, este breve e incompleto panorama nos permite comprovar como se consolidam na América Latina uma historiografia e uma crítica próprias, nas quais ainda se mantêm todo o frescor do seu início e toda a generosidade e voluntarismo das autênticas pesquisas intelectuais.

TERCEIRA PARTE

AS NOVAS GERAÇÕES COSMOPOLITAS DE CRÍTICOS

A partir dos anos 1980 consolidou-se uma nova geração destacadamente cosmopolita e internacionalista de críticos latino-americanos de arquitetura. Em todos eles se destaca uma formação durante os anos 1960 e 1970 a partir da cultura estruturalista e do formalismo pós-moderno, que lhes asseguraram as pautas de rigor metodológico e ferramentas de expressão midiática. Trata-se de uma geração mais culta e, em muitos casos, mais adaptada às condições contemporâneas.

capítulo 6

A CONSOLIDAÇÃO DA NOVA GERAÇÃO COSMOPOLITA DE CRÍTICOS DE ARQUITETURA NA ARGENTINA

São muitos os autores argentinos contemporâneos a quem podemos fazer referência. Entretanto, sob a obrigação de sintetizar, nos concentraremos em alguns autores representativos de diversas correntes, enfatizando a obra escrita de Roberto Fernández e o grupo liderado por Jorge Francisco Liernur.

Diversidade de correntes

Dentro das contribuições mais maduras na Argentina, destaca-se **Ramón Gutiérrez** (1939), especialista em arquivística e bibliografia latino-americana. Estudioso da herança colonial hispânica, ele é autor, entre outras coletâneas, de *Notas para una bibliografía hispanoamericana de arquitectura 1526-1875* (1972) e de *Arquitectura y urbanismo en iberoamérica* (1984), e criador do principal acervo continental especializado, o Centro de Documentação de Arquitetura Latino-americana – Cedodal.

Em *Arquitectura y urbanismo en iberoamérica* se compila a evolução da arquitetura e urbanismo do início da época colonial até o século 20. Seguindo a linha do regionalismo crítico e da "alteridade", Gutiérrez tem defendido uma historiografia própria para a arquitetura latino-americana.

Em um ensaio publicado em 1985, intitulado "*La historiografía de la arquitectura latinoamerica-*

na. Entre el desconcierto y la dependencia cultural (1870.1985)", Gutiérrez estabelece três períodos na historiografia latino-americana: o dos precursores (18070-1915); o dos pioneiros, marcado pela expansão e profundidade (1915-1935); e o da consolidação historiográfica (1935-1980). A periodização adotada neste livro é diferente: não consideramos o período dos precursores, porém dilatamos o período dos pioneiros até o final dos anos 1950, considerando que o período de consolidação historiográfica e crítica realmente ocorre nas décadas de 1970 e 1980.

Portanto, de modo similar a Enrique Browne, Ramón Gutiérrez reforça a posição maniqueísta que defende a obra em tijolos de Rogelio Salmona, Eladio Dieste e Togo Díaz como genuína e ideal para a América Latina, ao mesmo tempo em que caracteriza as obras de caráter monumental e expressivo de Oscar Niemeyer, João Vilanova Artigas, Félix Candela, Clorindo Testa, Abraham Zabludovsky e Teodoro González de León como "tragédias formalistas".

Roberto Doberti (1936), já aposentado de sua atividade como professor de Morfologia e Teoria do Habitar na Faculdade de Arquitetura, Design e Urbanismo da Universidade de Buenos Aires, nos deixou magníficos livros e ensaios, como *Relatos de la forma y la teoría* (CP67, Buenos Aires, 1997). Com uma redação magnífica, em formato de fábulas com corolários e alegorias com aforismos, o livro traz uma visão poética, do ponto de vista do viajante que vai descobrindo, sobre as formas, os espaços e as palavras.

Também se destaca **Alfonso Corona Martínez** (1935-2013), graduado arquiteto em 1960 na Faculdade de Arquitetura e Urbanismo da Universidade de

Buenos Aires, professor da Faculdade de Arquitetura da Universidade de Belgrano da mesma cidade, especialista em crítica e ensino de projeto. É o autor de *Ensayo sobre el Proyecto* (1990), publicado também em português e que tem uma edição revisada e ampliada em inglês, *The Architectural Project* (2003). Corona Martínez foi mentor de uma grande parte de jovens críticos argentinos e brasileiros.

Ensayo sobre el proyecto, atualmente editado pela Nobuko, trata do projeto arquitetônico a partir dos métodos de desenho e da teoria do projeto. Não é um livro sobre a materialidade da arquitetura, mas sobre a história de sua representação. Como livro dedicado aos métodos de desenho, Corona Martínez insiste que a grande mudança ocorreu entre o século 18 e o princípio do século 19, com os métodos de Durand e o sistema *Beaux-Arts*, e não durante o movimento moderno, que mudou as formas, mas não os métodos de projeto.

Voltando ao contexto de Córdoba, é muito relevante o trabalho do arquiteto e professor **César Naselli** (1933), coautor com Marina Waisman do livro *10 arquitectos latinoamericanos*, publicado pela Conserjería de Obras Públicas y Transportes de la Junta de Andalucía (Espanha) em 1989. Apesar da enorme influência de Naselli nas Faculdades de Arquitetura da Universidade Nacional e da Católica de Córdoba, tendo inclusive criado nesta última o vanguardista Instituto do Projeto, suas contribuições estão dispersas entre publicações, catálogos de exposições (como aquela apresentada no Conselho Municipal Histórico de Córdoba em 1997) e ensaios. O trabalho conceitual de César Naselli se desenvolveu com uma forte base filosófica e científica e com o conhecimento dos métodos criativos. Curiosamente, o campo de estudo de Naselli abrange do universo dos objetos até a grande escala da paisagem.

Seus trabalhos sobre as questões da paisagem e da ecologia foram reunidos no seu texto *De ciudades, formas y paisaje*, publicado no Paraguai, em 1992, pela Arquna Ediciones. Se levarmos em conta que publicou somente dois livros – um com Marina Waisman, editado pela pela Junta de Andaluzia e outro no Paraguai –, podemos comprovar as dificuldades de se publicar em Córdoba. Felizmente a revista 30-60 tem publicado suas ideias com frequência.

A enorme influência de Marina Waisman e César Naselli em Córdoba se reflete não somente na já citada revista dedicada a Marina Waisman, mas também na longa trajetória da magnífica revista 30-60, cujo nome faz referência às coordenadas da América Latina, criada por Omar París e Inés Moisset em junho de 2004 e dedicada a promover a diversidade da arquitetura nos diferentes países latino-americanos, com um destaque especial para a arquitetura da paisagem. Na mesma direção, a mesma dupla criou a coleção de livros "Hipótesis de paisajes", relacionada com uma série de seminários internacionais sobre a paisagem. A revista não somente cobre as novidades em arquitetura e paisagismo, mas também tem especial interesse pelo patrimônio arquitetônico e pelas intervenções urbanas que ampliam sua revalorização. Em meados de 2014 havia 42 números publicados da revista que, na mesma linha dos SAL, soube introduzir o olhar renovador de gerações jovens, convertendo-se na melhor vitrine da diversidade da arquitetura latino-americana sensível ao contexto.

Também no contexto de Córdoba destaca-se a obra construída e escrita de **Miguel Ángel Roca** (1940), com textos que vão desde *Obras y textos* (1988) e *Habitar – construir – pensar* (1989), ambos publicados pela CP67 de Buenos Aires, até *Arquitecturas del siglo XX. Una antologia personal* (2005), editado pela Summa+ libros, de Buenos Aires. Alguns dos livros que ele publicou originalmente na editora CP67 foram reeditados pela Nobuko.

Fernando Díez (1953), discípulo de Alfonso Corona Martínez e influenciado pelas metodologias europeias de análise urbana, publicou em 1996 a síntese de sua pesquisa urbana *Buenos Aires y algunas constantes en las transformaciones urbanas*. Desde 1994 é secretário de redação da revista *Summa+*, de onde difunde sua cultura crítica, sua visão global e a sua sensibilidade pelos problemas meio-ambientais, também veiculados em seus artigos para o jornal *La Nación*. A somatória dessa atividade editorial, onde se destacam a abordagem panorâmica e a seleção crítica, com os esforços desenvolvidos em sua tese de doutorado apresentada na Universidade Federal do Rio Grande do Sul, em Porto Alegre (2005), resultou no brilhante e polêmico livro *Crisis de autenticidade. Cambios en los modos de producción de la arquitectura argentina* (2008).

Também na linha das pesquisas urbanas está todo o trabalho sobre Buenos Aires de **Margarita Gutmann**, professora na FADU da UBA e da New School de Nova York. Um de seus trabalhos mais amplos como editora é *Buenos Aires 1910: memoria del porvenir* (1999), publicado em Buenos Aires por um pool editorial: Gobierno de la Ciudad de Buenos Aires, FADU UBA, Instituto Internacional de Medio Ambiente y Desarrollo, MED – América

Latina. Na mesma linha da reflexão sobre Buenos Aires está o livro de Rafael E. J. Iglesia e Mario Sabugo, *Buenos Aires. La ciudad y sus sitios* (1987), que reúne os artigos desse autores publicados entre 1981 e 1985, atualmente publicado pela Nobuko (a edição original é da CP 67).

Também merece uma atenção especial a teorização no campo da habitação social, que na Argentina tem como um dos líderes mais brilhantes a figura de **Víctor Saúl Pelli**, autor do livro *Habitar, participar y pertenecer. Acceder a la vivenda – incluirse en la sociedad*, publicado pela Nobuko em 2007, que reúne a sua experiência em El Chaco no enfrentamento do problema habitacional de setores em situação de pobreza estrutural. Os dois grandes especialistas e ativistas da habitação no México são Enrique Ortiz, sobre questões e direitos legais, e Carlos González Lobo, sobre a experiência de obras de habitação social em projetos de cooperação. Sua tese de doutorado apresentada na Unam em 2007 tem como título *Hacia una arquitectura del proyecto arquitectónico*. No Chile, a grande especialista em política de habitação social é Anna Sugranyes. No Brasil, Raquel Rolnik e Nabil Bonduki.

A proposta culturalista de Roberto Fernández

Roberto Fernández (1946) desenvolveu uma visão eclética e holística da América, na qual confluem filosofia, ciência, antropologia, ecologia e história. Com uma produção teórica já consolidada, a posição de Roberto Fernández, eminentemente culturalista e globalizante, de um ecletismo saliente que não renuncia ao peso de nenhuma contribuição, está plenamente estabelecida no panorama internacional, latino-americano e em seu país, a Argentina. Cada nova interpretação é assumida de modo crítico e se incorpora continuamente ao seu esquema interpretativo pré-elaborado. Nesse sentido, a interpretação de Fernández se funda em um núcleo especial: sendo a arquitetura o fenômeno central de sua análise, essa é entendida sempre em relação à filosofia e à ciência, ao projeto urbano e às implicações meio-ambientais e ecológicas.

No panorama geral, Fernández se situa em uma posição equidistante das duas linhas de crítica que tiveram maior alcance nas últimas duas décadas: o formalismo analítico de Colin Rowe, que na América Latina teve seguidores tão competentes como o brasileiro Carlos Eduardo Comas; e a crítica radical de Manfredo Tafuri, com discípulos tão capazes como Jorge Francisco Liernur em Buenos Aires.

Mesmo assim, Fernández superou criticamente as interpretações dominantes na arquitetura moderna – catapultadas pela historiografia orgânica, de Pevsner a Giedion – e as defesas da arquitetura da tecnologia mais avançada, como em Reyner Banham.

No panorama latino-americano, Fernández se alinha a interpretações como a de Marina Waisman e se afasta de toda nostalgia ou vitimização localista e regionalista. Assim como fez Marina Waisman, Fernández assumiu a cultura internacional contemporânea com um espírito crítico, tentando pensar a América Latina sem renunciar às contribuições estrangeiras. Trata-se de uma transculturação positiva, realizada com muita inteligência.

Para Roberto Fernández, equidistante de Jorge Francisco Liernur e Ramón Gutiérrez, a história não é material de pesquisa ou argumento de legitimação nacionalista, mas se converte em suporte básico para as interpretações críticas da cultura do presente.

Seu texto *El laboratorio americano: arquitectura, geocultura y regionalismo* (1998), constitui um imenso esforço de síntese e se converteu em uma referência para todo debate e estudo sobre a cultura, a cidade e a arquitetura na América Latina.

Em *El laboratorio americano*, Roberto Fernández interpreta a América como o laboratório dos sistemas políticos e econômicos, e das diversas propostas culturais e estéticas que, geralmente lançadas pela Europa como sistemas e utopias, foram se sucedendo e se aplicadando. Trata-se de um laboratório em que, sem descanso, foram sendo hibridizadas a modernidade ecumênica importada e a própria cultura pré-colombiana que sempre ressurge. O livro de Fernández está estruturado cronologicamente e usa o discurso diacrônico para ir mudando o enfoque e os conceitos. Começa com uma visão do ponto de vista dos ecossistemas originários americanos ("O olhar de Humboldt") e termina com as diferentes posições adotadas pela arquitetura ("Estéticas americanas") relacionadas com o lugar, a tradição, a identidade, a tecnologia, a antropologia e a cultura, passando por uma detalhada história das cidades latino-americanas, seguidas pelas cinco grandes etapas estabelecidas por José Luis Romero em seu livro *Latinoamérica: las ciudades y las ideas* (Siglo XXI, 1976): a cidade fidalga e barroca das Índias no século 17; as cidades *criollas* do século 18; as cidades patrícias de 1810 a 1880; a burguesa do período 1880-1930; e a cidade massificada, posterior à crise de 1930 até 1970. Em toda sua teoria, com múltiplas referências culturais, destaca-se um método culturalista e eclético que partiria de Jacob Burckhardt e teria referências como Mario Praz e George Steiner.

Outra linha de seus trabalhos tem buscado explicar as diferentes opções do projeto contemporâneo, em livros como *El proyecto final. Notas sobre las lógicas proyectuales de la arquitectura al final de la modernidad* (2000), que sintetiza em oito lógicas: tipologista, estruturalista, construtivista, contextualista, comunicacional, formalista, desconstrucionista e fenomenologista.

De fato, a estrutura desses dois livros citados é similar – em *El laboratorio americano*, com o intuito de interpretar toda a história da América Latina, e em *El Proyecto final*, para incluir todas as obras e os arquitetos representativos das últimas décadas, se constroem andaimes parecidos: uma grande trama lógica em que se combinam os conceitos, as escalas e o tempo. Em *El laboratorio americano* o recorte temporal vai do passado pré-hispânico até a atualidade, e passa da grande escala dos ecossistemas até a pequena escala arquitetônica, passando pelo território, nações e cidades. O livro *El proyecto final* se estrutura em dois eixos: as condições objetivas centradas no ambiente, na ideia e no produto; e as condições subjetivas e arbitrárias da percepção, das razões e da linguagem do projetista. Uma estrutura hábil, que permite classificar qualquer coisa, dos fatos culturais e humanos da América Latina até toda a produção arquitetônica das últimas décadas, de todo o passado até o porvir.

Roberto Fernández desenvolve em paralelo uma linha de publicações dedicadas ao urbanismo sustentável, entre os quais se destacam *La ciudad verde. Manual de gestión ambiental urbana* (1998), *La naturaleza de la metrópolis. Estudios sobre problemática y gestión ambiental metropolitana* (1999) e *Territorio, sociedad y desarrollo sostenible* (1999), escrito com Adriana Allen, Mónica Burmester, Mirta Malvares

Míguez, Lía Navarro, Ana Olszewski e Marisa Sagua. Além disso, dirige la revista *X* de arquitetura, urbanismo e design, publicada desde 2008 na Faculdade de Arquitetura, Urbanismo e Design da Universidade Nacional de Mar del Plata.

O grupo de Jorge Francisco Liernur e a revista *Block*

Jorge Francisco Liernur (1946), depois de estudar na Europa (Veneza e Berlim), seguiu o caminho da crítica radical de Manfredo Tafuri, expressando a sua visão crítica e de síntese em diversos ensaios e livros, além da revista *Block*, dirigida por ele. Liernur tem divulgado uma escola muito ampla de pesquisadores em história da arquitetura e da cidade, como Adrián Gorelik, Graciela Silvestri e Anahi Ballent, e se converteu no historiador e teórico mais importante e influente de Buenos Aires.

Com um método de pesquisa histórica focado essencialmente no século 20, nos ensaios de Liernur sempre se destacam os motivos políticos e ideológicos que há sob cada manifestação cultural e arquitetônica. Seu amplo trabalho se reflete nas obras coletivas, como *America Latina. Architettura, gli ultimi vent'anni* (1990), no livro *Arquitectura en la Argentina del siglo XX. La construcción de la modernidad*, publicado em 2001 pelo Fondo Nacional de las Artes, e no *Diccionario de Arquitectura en la Argentina* (2004), onde reúne com Fernando Aliata o trabalho de um grupo muito numeroso. Nesse dicionário, entretanto, está ausente uma necessária objetividade, borrada por uma visão parcial, na qual predominam algumas posições enquanto outras são reduzidas ou mesmo silenciadas.

Além de seu último livro *Arquitectura en teoría. Escritos 1986-2010*, publicado pela Nobuko em 2010, seus dois textos mais recentes são *La red austral. Obras y proyectos de Le Corbusier y sus discípulos en Argentina* (1924-1965), escrito com a colaboração de Pablo Pschepiurca (2008), e a coletânea de quatorze ensaios presentes em *Trazas de futuro*, com um subtítulo muito explícito: "Episódios da cultura arquitetônica da modernidade na América Latina" (2008).

A revista *Block*, da qual é fundador e diretor, é publicada desde 1997 em Buenos Aires. Em meados de 2014, o último número publicado era o nove, editado en 2012, e dedicado à Argentina Anos 50. O número um foi dedicado à Beleza (agosto 1997); o dois, à Natureza (maio 1998); o três, a Aldo Rossi (dezembro de 1998); o quatro, ao Brasil (1999); o cinco, ao Príncipe (dezembro 2000); o seis, ao Terceiro Mundo (2004); o sete, à Argentina (2010); e o oito, à Historiografia (2011). No conselho editorial, além dos citados Liernur, Silvestri, Aliata, Ballent e Gorelik, também participam Noemí Adaggio, Luis Arroyo, Fernando Coccopardo, Adriana Collado, Alejandro Crispiani, Silvia Dócola, Eduardo Gentile, Luis Müller, Silvia Pampinella, Ana Maria Rigotti, Javier Sáez e Graciela Zuppa. Ao longo desse números, foram convidados críticos como Kenneth Frampton, Fernando Pérez Oyarzún, Diana Agrest, Vittorio Savi, Carlos Martí Arís, Vittorio M. Lampugnani, Jean-Louis Cohen, Carlos Martins, Diane Ghirardo e Otília Arantes.

Provavelmente, a autora próxima a Liernur mais destacada é **Graciela Silvestri**, arquiteta e historiadora da cultura, da arte e da arquitetura latino-americana, professora na Universidade Nacional de Quilmes, que escreveu textos de grande rigor, com diversas referências e conhecimento, entre eles *El paisaje como cifra de armonía*, escrito com Fernando Aliata (2001), e *El color del río. Historia del Riachuelo como parque industrial* (2004). E o autor mais reconhecido do grupo é o arquiteto e historiador **Adrián Gorelik**, também professor na Universidade Nacional de Quilmes, que é um grande *expert* em José Luis Romero, editor e autor de prólogos em muitas reedições e coletâneas atuais sobre esse historiador. É o autor *de La grilla y el parque. Espacio público y cultura urbana en Buenos Aires, 1887-1936* (1998).

capítulo 7

A NOVA GERAÇÃO DE CRÍTICOS NO BRASIL, CHILE E OUTROS PAÍSES

A nova geração de críticos de arquitetura no Brasil

No caso do Brasil contemporâneo, dentro desta geração cosmopolita, destacam-se, entre muitos outros, Carlos Eduardo Dias Comas, Ruth Verde Zein, Hugo Segawa, Edson Mahfuz, Abilio Guerra e Marcelo Ferraz.

Carlos Eduardo Dias Comas (1943) é arquiteto e professor da Faculdade de Arquitetura da Universidade Federal de Porto Alegre, escola na qual estudou e graduou-se como arquiteto em 1966. Em 1977, cursou mestrado em Arquitetura e Planejamento Urbano na Universidade da Pensilvânia. Escreveu ensaios perspicazes e precisos sobre a forma arquitetônica, oferecendo um brilhante exemplo da herança do formalismo analítico de Colin Rowe. Ao longo dos anos 1990, foi diretor do prestigioso Programa de Pesquisa e Pós-graduação em Arquitetura – Propar, em Porto Alegre. Os textos que vinha publicando desde os anos 1980 tiveram o máximo impacto. Entre eles, o mais emblemático foi o seu ensaio sobre o Ministério da Educação e Saúde no Rio de Janeiro.

Em 2002, na Universidade de Paris VII-Saint Denis, apresentou sua tese de doutorado em arquitetura, intitulada *Precisões: arquitetura moderna brasileira*, dedicada à arquitetura brasileira do período heroico de 1936 a 1945. A tese de doutorado de Comas reúne quinze anos de ensaios certeiros, que analisam os exemplos emblemáticos da arquitetura brasileira, seguindo, de forma metodológica, não somente o formalismo analítico de Colin Rowe, como também a concepção estruturalista e historicista de Alan Colquhoun. A tese de Comas, muito boa ao analisar as obras exemplares, estuda profundamente a Cidade Universitária do Rio de Janeiro, o Ministério da Educação e Saúde no Rio, o Cassino da Pampulha (atual Museu de Arte), o Pavilhão do Brasil em Nova Iorque e o Museu das Missões, em São Miguel.

Partindo de uma crítica à construção historiográfica que gerou o Movimento Moderno, Comas estuda a arquitetura brasileira do período 1930-1945 a partir da sobrevivência do sistema de *Beaux-Arts* e da livre interpretação da linguagem arquitetônica de Le Corbusier como regras básicas do jogo.

A partir da releitura dos textos da época, Comas faz uma interpretação da teoria e da prática de Lúcio Costa. A tese parte da premissa da sobrevivência do classicismo na arquitetura moderna, especialmente em Le Corbusier. Na primeira parte da tese, reforça-se a importância da cultura *Beaux-Arts* e do sucesso do método do ecletismo no Brasil, um país que começa com o mesmo ritmo histórico que o México ou a Argentina, mas que, entre 1930 e 1945, supera esses países graças ao embasamento sólido na tradição *Beaux-Arts*, ao número expressivo de encomendas públicas de arquitetura e à tradição técnica qualificada dos engenheiros. Por fim, a construção historiográfica de Comas parte de um discurso que nasce conceitual e sincrônico para, de-

1. O ensaio de Carlos Eduardo Comas pode ser encontrado em diversas coletâneas, dentre elas: PÉREZ OYARZÚN, Fernando (org.). *Le Corbusier y Sudamérica. Viajes y proyectos*. Santiago do Chile, Ediciones Arq de la Escuela de Arquitectura, Pontificia Universidad Católica de Chile, 1991; GUERRA, Abilio (org.). *Textos fundamentais sobre história da arquitetura moderna brasileira*. Parte 1. Romano Guerra, São Paulo, 2010.

pois, tornar-se diacrônico e histórico. Os fatos e fragmentos vão configurando um mosaico ou colagem, e de um mosaico ou colagem se passa a um panorama.

À maneira de Colin Rowe, os ensaios de Comas baseiam-se no formalismo analítico, mediante o qual se decompõem, analisam e comparam os edifícios de maneira lúcida, revelando-se sempre a presença do sistema *Beaux-Arts* nas formas da arquitetura moderna. No entanto, há algumas diferenças entre o método de Colin Rowe e o de Carlos Eduardo Comas. Comas remete-se apenas ao sistema *Beaux-Arts* e não a toda a história, uma vez que este é o fundamento da arquitetura brasileira. Além disso, para Comas não se trata de propor uma "colagem" de diversas arquiteturas, mas de saber interpretar as obras dentro de seu contexto cultural.

Em seu ensaio magistral sobre o edifício do Ministério da Educação e Saúde no Rio de Janeiro, intitulado "Protótipo e monumento, um ministério, o Ministério" (1987), Comas, através da análise da sequência de projetos iniciados por Le Corbusier e realizados pela equipe carioca encabeçada por Lúcio Costa e Oscar Niemeyer, demonstra que a obra final não poderia ter sido realizada dentro dos esquemas arquitetônicos de Le Corbusier, pois trata-se de uma obra totalmente nova em todos os seus aspectos.[1]

Os projetos de Le Corbusier situavam-se em um terreno diferente do que foi utilizado na construção. Em suas propostas, Le Corbusier planejava um edifício frontal baixo, contraposto axialmente por um corpo secundário dedicado a escadarias e instalações. Por sua vez, o edifício definitivo era um bloco monolítico muito mais alto, com *brise-soleils* brasileiros e um corpo baixo coroado por um jardim de Roberto Burle Marx. Este tipo de articulação não estava no projeto corbusiano, da mesma maneira que os giros, quebras e tangentes que geram o Ministério em seus acessos, pórticos e vestíbulos nunca estiveram presentes na obra de Le Corbusier. O arquiteto europeu nunca havia feito um átrio aberto com pé-direito duplo e colunas de seção circular, que relembravam o átrio do Panteão de Roma e conduziam axialmente a um jardim aberto, enquanto, virando-se à esquerda, levavam ao vestíbulo expressionista.

Definitivamente, Comas, com o substrato da distinção que fez Wölfflin entre as arquiteturas renascentista e barroca, demonstra o caráter distinto da arquitetura de Le Corbusier e dos brasileiros. Naquela época, os projetos de Le Corbusier eram frontais, com elementos claramente delimitados, estrutura linear, volumes perfeitamente delimitados e um caráter renascentista. O Palácio da Cultura dos brasileiros baseia-se na articulação e no giro, sua fachada contém um *brise-soleil* vibrante, seu interior contempla uma decoração abundante em cerâmica e referências às tipologias clássicas em uma expressividade visual barroca.

Em outro de seus ensaios mais emblemáticos, intitulado "Uma certa arquitetura moderna brasileira: experiência a reconhecer", publicado na *Arquitetura Revista* nº 5, Rio de Janeiro (1987) e na *Proa Internacional* nº 54 (1987), Comas estabelece duas concepções formais opostas: a dinâmica e orgânico-funcional, relacionada ao gótico, tida como uma flor que se desenvolve de dentro para fora; e a concepção estática e plástico-ideal, relacionada à tradição clássica e que se assemelha a um cristal matematicamente determinado. Depois de tratar das primeiras teorizações brasileiras de Lúcio Costa e do livro de Yves Bruand, *Arquitetura contemporânea no Brasil*, Comas sinaliza as "duas questões que obcecavam as elites brasileiras dos anos 1920: de um

lado, a afirmação da identidade da cultura nacional, de outro a integração dessa cultura à modernidade internacional". Comas repassa tanto as influências internacionais de Le Corbusier na arquitetura brasileira como o conhecimento de substrato acadêmico de Quatremère de Quincy e de Guadet. Além da ênfase na presença da ideia de caráter na arquitetura moderna brasileira, Comas estabelece três lições: que "se essa arquitetura pôde resolver de maneira muito sofisticada o problema da representação de uma identidade nacional foi porque não a definiu como um problema único e isolado"; que isso foi facilitado "pela influência de uma tradição disciplinar acadêmica que havia desenvolvido categorias teóricas de valor genérico, não sujeitas estritamente a uma formação estilística determinada"; e que "se essa arquitetura é indubitavelmente moderna em sua linguagem, sua concretização não dependeu em nada da concretização da cidade da Carta de Atenas, a cidade ideal da arquitetura moderna. Ao contrário, suas realizações extraíam força representativa de sua confrontação com um contexto que obedecia a um paradigma urbanístico mais antigo".

Além desses ensaios essenciais, Comas publicou os livros *Arquiteturas cisplatinas: Roman Fresnedo Siri e Eladio Dieste em Porto Alegre*, com Anna Paula Canez e Glênio Vianna Bohrer; *A casa latinoamericana moderna. 20 paradigmas de meados do século XX* (2003), com Miquel Adrià; e, como organizador, *Lucio Costa e as missões: Um museu em São Miguel* (2007).

O arquiteto e crítico **Hugo Segawa** (1956), de atividade prolífica, tem se dedicado, entre outros temas, ao estudo da tradição paisagista no Brasil, objeto de sua tese de doutorado publicada como livro, intitulado *Ao amor do público. Jardins do Brasil* (1996). Com a intenção de superar as leituras estabilizadas da historiografia moderna e dar valor não apenas às figuras heroicas, mas também reforçar a importância do contexto, publicou, em 1999, *Arquiteturas no Brasil. 1900-1990*. Em 2005, publicou, na Editorial Gustavo Gili de Barcelona, o livro *Arquitectura latinoamericana contemporánea*, no qual, através de uma classificação temática e com uma narrativa esquemática e didática, repassa as obras de arquitetura e os autores e autoras mais representativos da segunda metade do século 20, acompanhadas de ilustrações muito pedagógicas, feitas à mão por Colin Ross.

Ruth Verde Zein (1955), formada em arquitetura em 1977 pela Faculdade de Arquitetura e Urbanismo da USP, atuou durante os anos 1980 e até 1996 como editora da revista brasileira *Projeto* e destaca-se pela intensidade e inteligência de suas críticas e resenhas. Seus trabalhos como crítica de arquitetura estão reunidos no livro *O lugar da crítica. Ensaios oportunos de arquitetura* (2001), com seu projeto mais ambicioso sendo o livro *Brasil: Arquiteturas após 1950* (2010), escrito em colaboração com **Maria Alice Junqueira Bastos** (1959), autora do livro *Pós-Brasília. Rumos da arquitetura brasileira* (2003). Além disso, Ruth Verde Zein é coautora, com Rosa Klias, do livro *Rosa Klias: de-*

senhando paisagens, moldando uma profissão (2007). Especialista na arquitetura da Escola Paulista, Ruth Verde Zein é professora de arquitetura da Universidade Mackenzie. Durante os anos 1990, também fizeram parte da redação da revista *Projeto* Hugo Segawa e Cecília Rodrigues do Santos.

Edson da Cunha Mahfuz (1953), também professor da Faculdade de Arquitetura da Universidade Federal de Porto Alegre, com ampla formação na história da arquitetura moderna, obtida na Architectural Association School of Architecture de Londres e na Universidade da Pensilvânia, Filadélfia, é autor dos livros *Ensaio sobre a razão compositiva* (1995) e *O clássico, o poético e o erótico e outros ensaios* (2002), uma coletânea de seus textos. Todos os seus ensaios são magníficas lições de análise e erudição. Por exemplo, no ensaio intitulado "Teoria, história e crítica e a prática de projeto" argumenta claramente sobre estes quatro pilares complementares da arquitetura: a teoria, a história, a crítica e o projeto.

Abilio Guerra (1959) foi editor da revista *Óculum*, publicada a partir de 1992 como revista da PUC-Campinas e que serviu como um espaço vanguardista de debate. Atualmente, é editor e diretor do portal digital de arquitetura *Vitruvius*, com sede em São Paulo e versão em espanhol. **Marcelo Ferraz** (1955), arquiteto prático e teórico, foi quem fez a contribuição crucial para a visibilidade de toda a obra de *Lina Bo Bardi* no compêndio Lina Bo Bardi, editado pelo Instituto Lina Bo e P.M. Bardi em 1993. Em 2011, publicou *Arquitetura conversável* pela Azouge Editorial. Por sua vez, **Paulo Bruna**, arquiteto e professor titular da FAU USP, publicou uma obra-chave sobre o tema da moradia coletiva, *Os primeiros arquitetos modernos. Habitação social* *no Brasil* 1930-1950 (2010). Trata-se de um preciso e exaustivo estudo, tanto das políticas de habitação na Europa entreguerras, como dos conjuntos habitacionais construídos pelos Institutos de Aposentadoria e Pensão – IAP em São Paulo. Trata-se de um livro totalmente em dia com as investigações sobre moradia coletiva e as contribuições de mulheres técnicas, como Catherine Bauer, Margarete Schütte-Lihotzky, Christine Frederick ou Mary Pattison.

Por último, merece destaque uma das recentes contribuições à teoria da arquitetura no Brasil, a de **Paola Berenstein Jacques**, formada em arquitetura pela Universidade Federal do Rio de Janeiro em 1990, com pós-graduações em Paris. Em seu livro *Estética da ginga*, a teórica realiza uma análise das favelas em relação às ações artísticas de Hélio Oiticica e aos movimentos corporais do samba, defendendo que as favelas do Rio de Janeiro e de Salvador da Bahia podem ser interpretadas do ponto de vista das formas e dos processos a partir de três escalas. Na pequena escala, os barracos, como abrigo mínimo e evolutivo, compostos por uma "colagem" de fragmentos e de materiais heterogêneos reciclados. Em uma escala intermediária, a aglomeração de barracos nas favelas se configura como labirintos caóticos e barrocos. E, por fim, na grande escala, a forma urbana da favela, que cresce como uma trepadeira ou arbustos em fendas, terrenos baldios, ladeiras de montanhas e vales, remetendo a rizomas, como forma gerada pelo processo de crescimento espontâneo e em constante transformação.

Paula Berenstein, formada dentro do pensamento pós-estruturalista francês de Gilles Deleuze e Félix Guattari, especializou-se em teoria e projeto de arquitetura e urbanismo, cursou mestrado em

Filosofia da Arte, doutorado em História da Arte e da Arquitetura, e pós-doutorado em Antropologia, sempre em Paris. Além do livro sobre as favelas, que a tornou famosa, publicou *Corpos e cenários urbanos* (2006). Ambos os livros possuem versão em francês. Atualmente, é professora da Faculdade de Arquitetura da Universidade Federal da Bahia.

As novas interpretações teóricas no Chile, Venezuela, México e Peru

No **Chile**, destaca-se a atividade crítica contemporânea de arquitetos como **Fernando Pérez Oyarzún**, autor de numerosos livros, catálogos e prólogos, como as edições dos textos de Juan Borchers e seu livro compilatório *Le Corbusier y Sudamérica. Viajes y proyectos* (1991), publicado pelas Ediciones Arq da Escola de Arquitetura da Pontífica Universidade Católica do Chile. Por sua vez, **Umberto Eliash**, promotor das Bienais de Arquitetura, professor da Faculdade de Arquitetura da Universidade do Chile, em Santiago, e da Universidade do Desenvolvimento, em Concepción, é autor de diversos livros, entre eles, a monografia *Carlos Martner: arquitectura y paisaje*. No Chile, destaca-se a grande capacidade de conceituação de arquitetos com obras, como Montserrat Palmer ou José Cruz Ovalle. Neste sentido, tem gerado grande repercussão a conceituação de um novo tipo de moradia social evolutiva, concebida por Alejandro Aravena, Andrés Lacobelli e ampla equipe.

Na **Venezuela**, destacam-se três autores distintos: o falecido arquiteto e crítico Jorge Rigamonti; Azier Calvo Albizu, que, nos anos 1990, foi diretor da Faculdade de Arquitetura da Universidade

Central da Venezuela; e o historiador de arquitetura Edgar Cruz.

Na **Costa Rica**, destaca-se o trabalho de um jovem arquiteto, **Luis Diego Barahona**, editor da coleção de livros e dos congressos *Líneas*, dedicados a arquitetos latino-americanos, e editor da revista *Habitar* durante certo período.

No campo da história, no **México** destacam-se **Enrique de Anda**, que publicou uma vasta série de livros sobre a história da arquitetura mexicana, como *Historia de la arquitectura mexicana* (1995), e a investigadora **Louise Noelle**, que revalorizou a obra de Luis Barragán, Alberto T. Arai e outros autores mexicanos, editando livros sobre suas obras e trabalhos teóricos. Entre outros livros, é autora de *Arquitectos contemporáneos de México* (1989).

Na área crítica, destaca-se o livro *Nueva Arquitectura en América Latina: presente y futuro* (1990), de **Antonio Toca Fernández**. No campo de ensaios, destaca-se **Humberto Ricalde**, fundador da revista *Trazos* (1997). Na pesquisa da arquitetura mexicana moderna, além do já citado López Rangel, encontra-se todo o trabalho de **Juan Ignacio del Cueto**, que foi diretor da revista *Bitácora* da Faculdade de Arquitetura da Unam, e que, a partir de sua tese de doutorado dedicada ao exílio mexicano dos arquitetos espanhóis, converteu-se em um dos melhores especialistas na obra de Félix Candela. Del Cueto é autor da coletânea *Aquella primavera creadora... Cascarones de concreto armado en México / That Creative Spring... Reinforced Concrete Shells in México* (2008), publicada pela Faculdade de Arquitetura da Unam, Cidade do México. Nos últimos anos, o crítico mais influente no país é **Miquel Adriá**, de origem catalã, que criou, em 1997, a revista *Arquine* e que desenvolveu um vasto trabalho como arquiteto, crítico e ativista cultural.

No **Peru**, além da contribuição histórica de Pedro Belaúnde Martínez, coautor, entre outras obras, da citada monografia sobre Héctor Velarde, destaca-se a eclosão de uma geração de jovens críticos de arquitetura. Entre as contribuições contemporâneas, devemos destacar duas. Primeiro, o livro de **Elio Martuccelli**, *Arquitectura para una ciudad fragmentada* (2000), que podemos interpretar como uma leitura pós-moderna de questões muito semelhantes àquelas de que tratou Miró Quesada. Martuccelli interpreta a evolução da arquitetura peruana nos três períodos de evolução da cidade de Lima: 1920-1945, a inquietude nacional; 1945-1970, o projeto modernizador, do qual Miró Quesada e o Grupo Espaço seriam os pioneiros e defensores; e 1970-1990, o transbordamento urbano de uma cidade que cresce sem fronteiras, continuamente, a cada dia. Além disso, esta condição pós-moderna é interpretada a partir da tensão entre diversas antinomias: o singular e o repetível, o integrado e o autônomo, o figurativo e o abstrato, o particular e o universal. A visão de Martucelli é muito crítica e baseia-se na ênfase da capacidade criativa dos arquitetos e dos artistas.

Em segundo lugar, **Wiley Ludeña Urquizo** (1955), teórico formado pela Faculdade de Arquitetura e Urbanismo da Universidade Ricardo Palma, doutor em Urbanismo pela Technische Universität de Hamburgo, mantém-se na linha interpretativa marxista. Ludeña escreveu diversos livros e ensaios muito críticos. Aqui, citaremos três contribuições: seu ensaio sobre as "Ideas y Arquitectura en el Perú del siglo XX" (1997), seu livro *Arquitectura. Repensando a Vitruvio y la tradición occidental* (2001), e a coletânea *Lima. Historia y urbanización en cifras. Período 1821-1970* (2004). O primeiro texto, uma revisão sistemática dos escritos dos primeiros teóricos da arquitetura peruana (Velarde, Miró Quesada, Harth-Terré etc.), é um dos poucos e mais valiosos estudos da evolução da teoria no Peru. O segundo é um livro muito hábil, no qual a análise de *Los diez libros de arquitectura*, de Vitruvio, serve-lhe para revisar os conceitos básicos da arquitetura: a diferença ideológica entre arquitetura e construção, a relação entre teoria e prática, os mitos originários da arquitetura ocidental etc. Tudo isto visto a partir de uma posição extremamente crítica e rigorosa, que lhe permite reivindicar um dos primeiros tratados peruanos: *Primer nueva corónica y buen gobierno compuesto por don Felipe Guaman Poma de Ayala, señor y principe*, de 1614. O terceiro, que corresponde à sua linha de investigação no campo do social e do urbano, é um estudo sistemático e abrangente da evolução da cidade de Lima, com abundantes e valiosos documentos e itens cartográficos.

Por último, deve-se destacar o autor **Alberto Sato Kotani**, nascido na Argentina, onde formou-se em arquitetura em 1972, em La Plata. Morou em outros países latino-americanos: a partir de 1977, viveu vários anos exilado em Caracas, onde publicou livros como *Sentados en un siglo* (1997) e, com Juan Pedro Posani, a obra coletiva *Debates y disquisiciones sobre el anón y el cambur* (2000). Atualmente, vive em Santiago do Chile, onde é decano da Faculdade de Arquitetura, Arte e Desenho da Universidade Andrés Bello, tendo editado o livro de ensaios *Los tiempos del espacio* (2010), pela Nobuko.

conclusões

O panorama mostrado, seguindo algumas linhas de evolução, tentou reconstruir o esforço cultural e intelectual para estabelecer métodos próprios para a história, a crítica e a teoria da arquitetura. Evidentemente, isto foi plenamente conseguido em países como Argentina e Brasil. E, certamente, quanto mais nos aproximamos do presente, o panorama torna-se mais complexo e disperso, sendo, portanto, mais difícil de explicar.

Em vista desta revisão sobre a crítica da arquitetura na América Latina, podemos estabelecer uma série de conclusões.

Em primeiro lugar, se tomarmos como referência a estrutura interpretativa e dialética de Enrique Browne em seu livro citado, *Otra arquitectura en América Latina*, nos deparamos com dois antagonismos: o contínuo contraponto de se ter um estilo internacional que se estende pelas primeiras décadas do século 20 como o espírito da época, ao qual se responde, em meados do século, com uma arquitetura neovernacular que atende ao espírito do lugar; e um segundo contraponto, entre uma arquitetura do desenvolvimento, relacionada à era de ouro da arquitetura pública em países latino-americanos como o Brasil, Argentina, Chile, México e Venezuela, à qual se responde com o que Browne denomina "outra arquitetura" e que estaria

1. Ver MUXÍ, Zaida. *La arquitectura de la ciudad global*. Buenos Aires, Nobuko, 2009.

representada contemporaneamente pelo auge paulatino das obras de Luis Barragán, Eladio Dieste e Rogelio Salmona. Isto é, se adotarmos esta dialética, podemos estabelecer que, hoje, há uma tendência de domínio pela arquitetura da cidade global, mas que não é mais a do desenvolvimento promovida pelo setor público, porém a do poder econômico e financeiro, que promove obras para a *global class* e para o consumo, priorizando as urbanizações fechadas, nos shopping centers, nos centros de lazer e nos conjuntos corporativos.[1] A esta arquitetura global, hoje, haveria uma resposta da arquitetura local, de grande desenvolvimento nas cidades latino-americanas, representada pela obra de arquitetos que valorizam os materiais da própria cultura urbana ou rural, que conhecem a fundo os modos de vida, que potencializam as experiências sensoriais, e que promovem uma arquitetura de vivência.

Comprovamos isto em obras de autores como Mauricio Rocha, no México, que sempre atende de forma criativa ao livre desenvolvimento dos usos, à realidade dos materiais e texturas, e à expressão e satisfação de todos os sentidos humanos.

Vemos isto na obra de jovens arquitetos brasileiros como Alvaro Puntoni e Angelo Bucci, com José Oswaldo Vilela; escritório MMBB, formado por Fernando de Mello Franco, Marta Moreira e Milton Braga; Núcleo de Arquitetura, equipe de Luciano Margotto, Marcelo Ursini e Sergio Salles; Projeto Paulista, de Luis Mauro Freire e Maria do Carmo Vilariño, com Fábio Mariz Gonçalves, Zeuler Rocha Melo de Almeida Lima e Henrique Fina; UNA

2. Os coletivos brasileiros de arquitetos passam por frequentes rearranjos nas parcerias e mudanças de atividades. Atualmente, Angelo Bucci lidera o escritório SPBR; Luciano Margotto é titular do República Arquitetos e Marcelo Ursini do Estudio Util Arquitetos; Alvaro Puntoni está associado a João Sodré no GrupoSP; Fernando de Mello Franco é atual Secretário de Desenvolvimento Urbano de São Paulo; Fábio Mariz Gonçalves (FAU USP) e Zeuler Rocha Melo de Almeida Lima (School of Design and Visual Arts at Washington University in St. Louis) se dedicam hoje à vida acadêmica.

Arquitetos, de Cristiane Muniz, Fábio Valentim, Fernanda Barbara e Fernando Viégas. Todos eles converteram uma arquitetura minimalista e de concreto armado na expressão do Brasil contemporâneo. Há, ainda, o escritório Brasil Arquitetura, de Marcelo Ferraz e Francisco Fanucci, que sintetiza as influências de Lina Bo Bardi e de Paulo Mendes da Rocha.[2]

Isto se expressa, ainda, nas obras do paraguaio Solano Benítez, de José María Sáez, arquiteto de origem madrilenha que trabalha em Quito, dos argentinos Mónica Bertolino e Carlos Barrado, em Córdoba, e de Rafael Iglesia, em Rosário, dos colombianos Giancarlo Mazzanti e dos irmãos Mesa, do venezuelano Alejandro Haiek Coll, e dos chilenos Alejandro Aravena, Smiljan Radic, Kazú Zegers, Mauricio Pezo e Sofia von Ellrichshausen.

De certa forma, boa parte dessa arquitetura latino-americana emergente, vitalista e contextualista, é aquela publicada pela mencionada revista argentina 30-60, ou aquela que aflorou em seminários e bienais, como a 17ª Bienal Panamericana de Arquitectura de Quito, de 2010.

Em segundo lugar, confirma-se a tese da "modernidade superada", pois as características da modernidade, com suas limitações, imposições e eurocentrismo, são superadas pela obra e pensamento

3. Consulte a nova edição revisada e ampliada do livro: MONTANER, Josep Maria. *A modernidade superada. Ensaios sobre arquitetura contemporânea*. Barcelona, Gustavo Gili, 2013.

---

de Lina Bo Bardi, Rogelio Salmona, Luis Barragán, Enrico Tedeschi e Marina Waisman, todos eles formados plenamente no movimento moderno, desenvolvendo teorias e obras que continuaram a ser modernas, mas que superaram as limitações das formas genéricas e das ideias internacionais, adaptando-as totalmente aos contextos latino-americanos e fazendo-as avançar a lugares totalmente novos.[3]

Em terceiro lugar, a revisão que fizemos demonstra a existência de fortes tradições de pensamento que conseguiram ter continuidade natural. Seria uma espécie de círculos virtuosos que conseguiram reproduzir-se graças às linhas de pesquisa, à capacidade comunicativa e à vontade de transmitir os valores da pesquisa e da cultura às novas gerações.

Essas tradições desenvolveram-se especialmente na Argentina, no Brasil e no Chile.

Na Argentina, referimo-nos à tradição que se inicia em Tucumán e que, através de Enrico Tedeschi, transmite-se a diversas gerações em Mendoza e em Córdoba; nesta última cidade, especialmente na linha de pesquisa e estudo sobre o patrimônio maximizada por Marina Waisman e continuada por César Naselli e depois Inés Moisset. Referimo-nos, também, à potência teórica e criativa do grupo liderado por Jorge Francisco Liernur, com diversas publicações e com a revista *Block*.

No caso do Brasil, além da potência cultural de uma cidade como São Paulo, com tantas linhas de pensamento e escolas de arquitetura, como as da Universidade de São Paulo – USP e da Universidade

Mackenzie, variando desde Alberto Xavier até Ruth Verde Zein, referimo-nos à escola de pesquisa e doutorado, o Programa de Pesquisa e Pós-Graduação em Arquitetura – Propar, criado na Faculdade de Arquitetura e Urbanismo da Universidade Federal do Rio Grande do Sul, em Porto Alegre, fundado em 1979 e liderado por Carlos Eduardo Comas e Edson Mahfuz, com muitos colaboradores, discípulas e discípulos com grande capacidade investigativa e um bom número de ensaios e livros já publicados, como Rogério de Castro Oliveira, Sérgio M. Marques, Marta Peixoto, Anna Paula Canez, Cláudia Piantá Costa Cabral, Ana Carolina Pelegrini e outros, que têm como meio de difusão de suas investigações a publicação *ARQtexto*, revista do Departamento de Arquitetura e do Propar, iniciada em 2000, mesmo ano em que o Propar, que desde 1990 vinha oferecendo mestrado, criou o doutorado, e cujas publicações já haviam alcançado 19 números no ano 2014.

No caso do Chile, foram muitos os focos culturais, além das faculdades de arquitetura da Universidade Católica e da Nacional, em Santiago do Chile, sobretudo a experiência pioneira e fundamental da Faculdade de Arquitetura da Universidade Católica de Valparaíso, até suas influências nas escolas de Arquitetura de Talca e Bio Bio.

Outra conclusão que este livro nos permite estabelecer, quando se trata do vigor das pesquisas, congressos e campanhas do Docomomo no Brasil, México e Chile, é que se estabeleceram novas redes de relação e comunicação, paralelas às dos SAL, que se organizam sob a estrutura internacional do Docomomo. É uma grande lição ver que essa rede internacional de professores e pesquisadores, com tanta inserção latino-americana, tenha se desen-

4. LIERNUR, Jorge Francisco. *Trazas de futuro. Episodios de la cultura arquitectónica de la modernidad en América Latina*. Santa Fé, Universidad Nacional del Litoral, 2008, p. 83.

volvido cada vez mais livremente em uma estrutura como o Docomomo, mais cosmopolita do que os SAL, fechados em suas pretensões regionalistas.

Isto nos traz muitas lições: os autores e autoras, países e contextos que avançaram mais são aqueles que não entenderam a identidade latino-americana como algo essencial e imutável, mas como um processo, uma construção das diversidades com vistas a um futuro mais justo e mais humano. É assim que se entende a repercussão internacional de Luis Barragán e Lina Bo Bardi, ou o grande valor dos escritos de autores como Octavio Paz ou Jorge Luis Borges. Jorge Francisco Liernur escreveu, com lucidez, que não devemos esquecer "a lição de Borges, cujos sabores mais delicados de Buenos Aires estão guardados em frascos de sagas saxônicas ou de bairros de Paris".[4]

As conclusões se multiplicam: este livro nos leva a insistir na vontade social e na necessidade da crítica, em como se desenvolveram nos diferentes países latino-americanos e como podem se desenvolver hoje.

E uma última conclusão, encontrada no fragmento final do citado livro de Serge Gruzinski: "Laboratório da modernidade e da pós-modernidade, prodigioso caos de duplos e 'replicantes' culturais, gigantesco 'depósito de resíduos' em que se amontoam as imagens e as memórias mutiladas de três continentes – Europa, África, América –, onde se aderem projetos e ficções mais autênticos do que a história, a América Latina encerra em seu passado

5. GRUZINSKI, Serge. *La guerra de las imágenes. De Cristóbal Colon a "Blade Runner"* (1492-2019). Cidade do México, Fondo de Cultura Económica, 1999, p. 215.

algo que serve para enfrentar melhor o mundo pós-moderno no qual estamos afundando".[5]

Assim, estas anotações sobre a crítica de arquitetura na América Latina têm nos ensinado muito mais do que esperávamos de nossa condição contemporânea. Pois, certamente, este livreto, que a algum eurocêntrico poderá parecer menor, teve a intenção de ser um estudo sobre uma contribuição humana e cultural de enorme peso e profundidade. A teoria e a crítica de arquitetura na América Latina têm tal qualidade e generosidade em suas construções historiográficas, raciocínios críticos e postulações teóricas que a convertem, hoje, em uma lição imprescindível, dando-nos chaves para entender a condição pós-moderna da arquitetura. Resta, agora, aos europeus, aprender sobre os sábios caminhos de superação da modernidade, abertos pelos críticos e arquitetos latino-americanos.

bibliografia

A.A.V.V. El taller de Juan Borchers. *CA – Ciudad y Arquitectura*. Santiago do Chile, Revista Oficial del Colegio de Arquitectos de Chile, n. 98, jul./ago./set. 1999.

ARAI, Alberto T. *Caminos para una arquitectura mexicana*. Cuaderno de arquitectura 3. Cidade do México, Conaculta·INBA, 2001.

ARAI, Alberto T. *La raíz humana en la distribución arquitectónica*. Cidade do México, Ediciones Mexicanas, 1950.

ARANGO, Silvia. *Historia de la arquitectura en Colombia*. Bogotá, Centro Editorial y Facultad de Artes, Universidad Nacional de Colombia, 1989.

BARDI, Lina Bo. *Contribuição propedêutica ao ensino da teoria da arquitetura*. São Paulo, Habitat, 1957.

BARRAGÁN, Luis. *Escritos y conversaciones*. El Escorial, El Croquis, 2000.

BONILLA, Enrique. Lo nuestro, lo ajeno, lo apropiado. *Arquitextos*, n. 14, Universidad Ricardo Palma, Lima, 2002.

BORCHERS, Juan. *Haitabu*. Madri, Departamento de Proyectos Arquitectónicos, Escuela Superior de Arquitectura de Madrid, 1998.

BORCHERS, Juan. La arquitectura en Chile: la medición como substrato del fenómeno arquitectural. *Hogar y arquitectura*, Madri, n. 87, Ediciones y Publicaciones Populares, mar./abr. 1970. Edição facsímile: Madri/Barcelona, ETSAM-ETSAB, 2002.

BORCHERS, Juan. *Meta-arquitectura*. Santiago do Chile, Mathesis, 1975

BORJA, Jordi; MUXÍ, Zaida. *L'espai públic: ciutat i ciutadania*. Barcelona, Diputació de Barcelona, 2001.

BROWNE, Enrique. *Otra arquitectura en América Latina*. México, Gustavo Gili, 1988.

CASTRO, Raquel. Fruto Vivas. Del barro al metal. Caracas, Ediciones de la CVG Siderúrgica del Orinoco, 1989.

CAVERI, Claudio. *Una frontera caliente. La arquitectura americana entre el sistema y el entorno*. Buenos Aires, Syntaxis, 2002.

CAVERI, Claudio. *Y América ¿qué? Balance entre el ser y el estar*

como destino del hacer americano y el reflejo en su arquitectura. Buenos Aires, Syntaxis, 2006.
COMAS, Carlos Eduardo Dias. Protótipo e monumento, um ministério, o Ministério. *Projeto*, n. 102, São Paulo, 1987. Republicação: in GUERRA, Abilio (org.). *Textos fundamentais sobre história da arquitetura moderna brasileira*. Parte 1. Romano Guerra, São Paulo, 2010, p. 79-108.
COSTA, Lúcio. *Razones de la nueva arquitectura. 1934 y otros ensayos*. Lima, Embaixada do Brasil, 1986.
FERNÁNDEZ COX, Cristian. *El orden complejo de la arquitectura. Teoría básica del proceso proyectual*. Santiago do Chile, Ediciones Universidad Mayor, 2005.

FERNÁNDEZ, Roberto. *El laboratorio americano. Arquitectura, geocultura y regionalismo*. Madri, Biblioteca Nueva, 1998.
FERNÁNDEZ, Roberto. *El proyecto final. Notas sobre las lógicas de la arquitectura al final de la modernidad*. Montevidéu, Facultad de Arquitectura, Universidad de la República, 2000.
FERNÁNDEZ, Roberto. *La ilusión proyectual. Una historia de la arquitectura argentina. 1955-1995*. Mar del Plata, Facultad de Arquitectura, Urbanismo y Diseño, Universidad Nacional de Mar del Plata, 1996.
GRUZINSKI, Serge. *La guerra de las imágenes. De Cristóbal Colón a Blade Runner (1492-2019)*. Cidade do México, Fondo de Cultura Económica, 1994.
GUTIÉRREZ, Ramón. *Arquitectura y urbanismo en Iberoamérica*. Madri, Cátedra, 1984.
GUTIÉRREZ, Ramón. *Notas para una bibliografía hispanoamericana de arquitectura (1526-1875)*. Resistencia, Departamento de Publicaciones e Impresiones de la Universidad Nacional del Nordeste, 1972.
HITCHCOCK, Henry Rusell. *Latin American Architecture since 1945*. Nova York, Museum of Modern Art, 1955.
JACQUES, Paola Berenstein. *Estética da ginga. A arquitetura das favelas através da obra de Hélio Oiticica*. Rio de Janeiro, Casa da Palavra, 2001.
KAHATT, Sharif S. Historia, teoría y crítica de la arquitectura peruana en el siglo XX. Construcción y ausencia. *Arquitextos*, Lima, n. 17, Universidad Ricardo Palma, 2004, p. 16-25.
LIERNUR, Jorge Francisco; PSCHEPIURCA, Pablo. *La red austral. Obras y proyectos de Le Corbusier y sus discípulos en la Argentina* (1924-1965). Quilmes, Universidad Nacional de Quilmes, 2008.
LIERNUR, Jorge Francisco. *América Latina. Architettura, gli ultimi vent'anni*. Milão, Electa, 1990.
LIERNUR, Jorge Francisco. *Arquitectura en la Argentina del siglo XX. La construcción de la modernidad*. Buenos Aires, Fondo Nacional de las Artes, 2001.

LIERNUR, Jorge Francisco. *Trazas de futuro. Episodios de la cultura arquitectónica de la modernidad en América Latina*. Santa Fé, Editorial Nacional del Litoral, 2008.
LÓPEZ RANGEL, Rafael. *La modernidad arquitectónica mexicana. Antecedentes y vanguardias 1900-1940*. Coleção Cuadernos Temporales, n. 15. Azcapotzalco, UAM, 1989.
LUDEÑA URQUIZO, Wiley. *Arquitectura. Repensando a Vitruvio y la tradición occidental*. Lima, Universidad Nacional de Ingeniería, Facultad de Arquitectura, Urbanismo y Artes, 2001
LUDEÑA URQUIZO, Wiley. *Ideas y arquitectura en el Perú del siglo XX*. Lima, SEMSA (Servicios Editoriales Múltiples), 1997.

MARIGLIANO, Franco. *El Instituto de Arquitectura y Urbanismo de Tucumán* (1946-1955). Tese de Doutorado. Madri, ETSAM, 2003.
MARTUCELLI, Elio. *Arquitectura para una ciudad fragmentada*. Lima, Universidad Ricardo Palma, 2000.
MIRÓ QUESADA, Luis. *Espacio en el tiempo. La arquitectura como fenómeno cultural*. Lima, Compañía de Impresiones y Publicidad, 1945.
MONTANER, Josep Maria; MUXÍ, Zaida. Urbanismo tardo racionalista. *Arquitextos*, Lima, n. 13, Revista de la Facultad de Arquitectura y Urbanismo de la Universidad Ricardo Palma, Peru, dez. 2002.
MONTANER, Josep Maria. *Arquitectura y crítica*. Barcelona, Gustavo Gili, 1999. (Edição portuguesa de 2007).
MONTANER, Josep Maria. La crítica de arquitectura en Latinoamérica. *DC. Revista de crítica de arquitectura*, Barcelona, n. 2, Departament de Composició Arquitectònica, ETSAB-UPC, mar. 1999.
MONTANER, Josep Maria. *Las formas del siglo XX*. Barcelona, Gustavo Gili, 2002 (edição portuguesa de 2002).
MONTANER, Josep Maria. Otra crítica es posible. *Arquitectura COAM*, Madri, n. 332, 2003.
MONTANER, Josep Maria. *Sistemas arquitectónicos contemporâneos*. Barcelona, Gustavo Gili, 2008 (edição portuguesa: 2009).
MUXÍ, Zaida. *La arquitectura de la ciudad global*. Barcelona, Gustavo Gili, 2004 (2ª edição: Nobuko, Buenos Aires, 2008).
NASELLI, César. *De ciudades, formas y paisajes*. Assunção, Arquna, 1992.
O'GORMAN, Edmundo. *La invención de América*. Cidade do México, Fondo de Cultura Económica, 1958.
PAZ, Octavio. *El laberinto de la soledad*. Cidade do México, Fondo de Cultura Económica, 1950.
ROMERO, Jose Luis. *Latinoamérica. Las ciudades y las ideas* (1976). Buenos Aires, Siglo XXI, 2001.
SEGAWA, Hugo. *Arquitectura latinoamericana contemporánea*. Barcelona, Gustavo Gili, 2005.

TEDESCHI, Enrico. El medio ambiente natural. In SEGRE, Roberto (org.). *América Latina en su arquitectura*. Cidade do México, Siglo XXI, 1975.
TEDESCHI, Enrico. *Teoría de la arquitectura*. Buenos Aires, Nueva Visión, 1962.
TEDESCHI, Enrico. *Una introducción a la historia de la arquitectura*. Tucumán, Instituto de Arquitectura y Urbanismo, Universidad Nacional de Tucumán, 1951.
VILLAGRÁN GARCÍA, José. *Teoría de la arquitectura*. México, Unam/Ramón Vargas, 1988.
VILLANUEVA, Carlos Raúl. *Textos escogidos*. Caracas, Facultad de Arquitectura y Urbanismo de la Universidad Central de Venezuela, 1980.
VIVAS, Fruto. *Reflexiones para un mundo mejor*. Barquisimeto, s.d.
WAISMAN, Marina (org.) Documentos para una historia de la arquitectura argentina. Buenos Aires, Summa, 1991.
WAISMAN, Marina; NASELLI, César. *10 arquitectos latinoamericanos*. Sevilha, Junta de Andalucía, 1989.
WAISMAN, Marina. *El interior de la historia. Historiografía arquitectónica para uso de latinoamericanos*. Bogotá, Escala, 1990.
WAISMAN, Marina. *La arquitectura descentrada*. Bogotá, Escala, 1995.
WAISMAN, Marina. *La estructura histórica del entorno*. Buenos Aires, Nueva Visión, 1972.
XAVIER, Alberto (org.). *Arquitetura moderna brasileira. Depoimento de uma geração*. São Paulo, Associção Brasileira de Ensino de Arquitetura, Fundação Vilanova Artigas, Pini, 1987. Republicaçã: XAVIER, Alberto (org.). *Depoimento de uma geração. Arquitetura moderna brasileira*. Coleção Face Norte, n. 4. Edição revisada e ampliada. São Paulo, Cosac Naify, 2003.
ZÀTONYI, Marta. *Aportes a la estética*. Buenos Aires, La Marca, 1998.
ZEIN, Ruth Verde; BASTOS, Maria Alice Junqueira. *Brasil: arquiteturas após 1950*. São Paulo, Perspectiva, 2010.
ZEIN, Ruth Verde. *O lugar da crítica. Ensaios oportunos de arquitetura*. Porto Alegre, Ritter dos Reis, 2003.

Índice de textos resenhados

1. Edmundo O'Gorman, *La invención de América*, Cidade do México, 1958, 1977
2. Enrico Tedeschi, *Una introducción a la historia de la arquitectura. Notas para una cultura arquitectónica*, Tucumán, 1951
3. José Luis Romero, *Latinoamérica. Las ciudades y las ideas*, Buenos Aires, 1976
4. Lina Bo Bardi, *Contribução propedêutica ao ensino da teoria da Arquitetura*, São Paulo, 1957
5. Juan Borchers Juan Borchers, *Meta-arquitectura*, Santiago do Chile, 1975
6. Alberto T. Arai, *Caminos para una arquitectura mexicana*, Cidade do México, 1952
7. Luis Miró Quesada, *Espacio en el tiempo. La arquitectura como fenómeno cultural*, Lima, 1945
8. Carlos Raul Villanueva, *Textos escogidos*, Caracas, 1980
9. Marina Waisman, *La estructura histórica del entorno*, Buenos Aires, 1972
10. Claudio Caveri, Una frontera caliente. *La arquitectura americana entre el sistema y el entorno*, Buenos Aires, 2002
11. Fruto Vivas, *Reflexiones para un mundo mejor*, Barquisimeto, c.1983
12. Enrique Browne, *Otra arquitectura en América Latina*, Cidade do México, 1988

13. Silvia Arango, *Historia de la arquitectura en Colombia*, Bogotá, 1989
14. Cristian Fernández Cox, *El orden complejo de la arquitectura. Teoría básica del proceso proyectual*, Santiago do Chile, 2005
15. Cesar Naselli, *De ciudades, formas y paisajes*, Assunção, 1992
16. Roberto Fernández, *El laboratorio Americano. Arquitectura, geocultura y regionalismo*, Madri, 1998
17. Roberto Fernández, *El proyecto final. Notas sobre las lógicas proyectuales de la arquitectura al final de la modernidad*, Montevidéu, 1999
18. Jorge Francisco Liernur, *Trazas de futuro. Episodios de la cultura arquitectónica de la modernidad en América Latina*, Santa Fé, 2008
19. Carlos Eduardo Comas, "Protótipo e Monumento, um Ministério, o Ministério", *Projeto* n. 102, São Paulo, 1987
20. Ruth Verde Zein / Maria Alice Junqueira Bastos, *Brasil: Arquiteturas após 1950*, São Paulo, 2010
21. Paola Berenstein Jacques, *Estética da ginga. A arquitetura das favelas através da obra de Hélio Oiticica*, Rio de Janeiro, 2001

1. Edmundo O'Gorman, *La invención de América*, Cidade do México, 1958, 1977

Edmundo O'Gorman (1906-1995) formou-se em Direito em 1928, exercendo a atividade de advogado. Cursou mestrado em Filosofia (1948) e doutorado em História (1951) na Faculdade de Filosofia e Letras da Universidade Nacional Autônoma do México. Dedicou grande parte de sua vida ao estudo da história do México desde a fase colonial, trabalhando no Arquivo Geral da Nação entre 1938 e 1952. Era irmão do arquiteto e artista Juan O'Gorman.

Edmundo O'Gorman era seguidor de José Ortega y Gasset e de José Gaos e era totalmente contrário à historiografia positivista, defendendo a primazia das ideias, conceitos e cultura.

O livro *La invención de América*, fruto de suas investigações e publicações realizadas ao longo dos anos, foi publicado pela primeira vez em 1958, ano em que realizou um curso de mesmo nome na Universidade de Indiana. Seu impacto foi e tem sido altíssimo e, em 1961, foi traduzido para o inglês.

Originalmente, o livro foi dividido em três partes: história e crítica da ideia do descobrimento da América; o horizonte cultural; e, o processo de invenção da América. Devido ao grande impacto desse livro e às muitas resenhas e opiniões que recebeu, O'Gorman adicionou uma quarta parte à edição de 1977, na qual justificava e complementava seus raciocínios. A seção "A estrutura da existência da América e o sentido da história americana" oferece uma explicação da razão de ser, diferenças e significados das duas Américas, a ibérica e a anglo-saxônica.

Neste livro, Edmundo O'Gorman busca desmontar a ideia do descobrimento da América, recompondo-a a partir da premissa de que o descobrimento não é o sucesso obtido por Cristóvão Colombo, uma vez que este estava convencido de ter alcançado a costa ocidental da Ásia. Portanto, segundo O'Gorman, a América não foi descoberta, mas inventada em um processo ideológico que se inicia em 1492, quando Colombo encontrou terra firme em seu caminho. O que O'Gorman tenta demonstrar é que tal invenção da América, auxiliada pela ciência e pela técnica, forçou o ser humano do ocidente a mudar sua visão do universo.

1. História e crítica da ideia do descobrimento da América

No primeiro capítulo, O'Gorman desmonta a ideia da "descoberta da América" até levá-la ao absurdo para, depois, poder reconstruí-la. Analisa as diferentes interpretações históricas que se originaram depois do descobrimento e parte da ideia de que a consciência da descoberta é requisito essencial para o reconhecimento de um descobrimento. O'Gorman escreve "Não é a mesma coisa chegar a uma ilha que se acredita estar perto do Japão e revelar a existência de um continente cuja existência, de outro modo, ninguém poderia nem mesmo suspeitar". O'Gorman destaca a "convicção de que as terras visitadas pelo almirante em 1492 eram parte de uma massa continental separada da Ásia e concebida, portanto, como uma entidade geográfica distinta, chamada de América por alguns e de Índias pelos espanhóis [...]. Será indispensável mostrar que teve consciência desse ser, cuja existência se diz ter revelado, pois, do contrário, não se poderia atribuir a Colombo o descobrimento".

Essencialmente, o livro trata de como a "Europa [...] despertou, como dizia Kant, de seu sonho dogmático. [...] Será necessário reconstruir a história, não do descobrimento da América, mas da ideia de que a América foi descoberta, o que não é a mesma coisa".

Antes disso, O'Gorman trata da "Lenda do navegador anônimo", que teria morrido na casa de Colombo depois de ter retornado de um naufrágio, relatando-lhe a rota para terras desconhecidas.

O'Gorman refere-se à bibliografia da época, como Gonzalo Fernández de Oviedo, *Historia general y natural de las Indias*; Gómera, *Historia general de las Indias*; Fernando Colón, *La vida del Almirante*; e Bartolomé de las Casas, *Brevíssima relación de la destrucción de las Indias*.

Escreve que, na quarta e última exploração, Colombo percebeu seu erro ao receber a notícia da existência dos mares do sul, isto é, do Oceano Pacífico. Quanto à intenção, afirma: "quando nos é pedido que aceitemos que Colombo revelou a existência de terras diferentes das que ele atribuiu, o que nos é pedido, na verdade, é que aceitemos que essas terras revelaram sua existência secreta e escondida quando Colombo deparou-se com elas". Portanto, tratar-se-ia de uma "revelação [...] como uma caixa que guardava um tesouro".

Esta primeira parte tem seu ponto alto ao tornar evidente que o que deve ser explicado é a invenção da América, isto é, "a aparição do continente americano no âmbito da cultura ocidental. [...] Assim, os acontecimentos não apareceriam como algo estranho e acidental, que em nada pode alterar a suposta essência de uma América já feita desde a Criação, mas como algo interno que vai constituindo sua existência, ondulante, móvel e efêmera, como a existência de tudo que é vivo. Assim, sua história já não será 'o que aconteceu', mas aquilo que 'tem sido e continua sendo' a América".

2. O horizonte cultural

No segundo capítulo, O'Gorman analisa o sistema do pensamento do século 15, articulado essencialmente em torno do catolicismo, com a ideia de um universo finito e a terra como o centro desse universo. Para ele, revisaram-se as representações da terra, considerando-se o globo terrestre e as concepções do *orbis terrarum*, ou Ilha da Terra.

O'Gorman comenta o fato de ter Colombo se atrevido a reduzir enormemente o tamanho da circunferência do globo. "Quando no Renascimento carolíngio e mais tarde com a escolástica se admitiu a noção da esfericidade da terra, a existência de regiões antípodas e inacessíveis no oceano voltou a ser considerada como uma possibilidade verdadeira. A ilha da terra era muito maior do que supunha Colombo".

Sobre a rota oriental e costeira seguida pelos portugueses, escreve que "a ideia de que os extremos oriental e ocidental da Ilha da Terra estavam relativamente próximos tinha a seu favor uma antiga tradição a que se vinculava, entre outros, o nome de Aristóteles", acrescentando: "e quando, contra todas as expectativas, os portugueses perceberam que a costa da África, longe de terminar ao norte do Equador, descia até mais além dos 30 graus de latitude sul, a possibilidade daquela viagem tornou-se muito mais atrativa".

3. O processo de invenção da América

Neste capítulo, O'Gorman mostra o processo ideológico da criação da ideia de um novo continente que, por fim, seria chamado de América. Escreve que "Colombo acabou por persuadir-se de que o mundo era menor do que o normalmente aceito e de que o *orbis terrarum* era muito maior do que se pensava". Colombo continuou pensando ter chegado ao Japão, apesar de não ter comprovado o que esperava, não encontrando as cidades e os palácios que buscou em vão.

Segundo O'Gorman, "Colombo não concedeu à experiência o benefício da dúvida". "A suposição de Colombo é de tal índole que permanecia invulnerável aos dados da experiência". Não correspondia a uma ideia, mas a uma crença. Como escreveu Marcel Proust, "os fatos não penetram no mundo em que vivem nossas crenças".

O'Gorman explora o sentido que Colombo atribuiu ao acontecimento e não o que, posteriormente, foi-lhe atribuído. Portanto, na segunda travessia, a América ainda não existe. E será muito difícil convencer-se do contrário. Segundo O'Gorman, estamos diante "do primeiro episódio da liberação do homem de seu antigo cárcere cósmico".

O'Gorman trata da terceira navegação do português Américo Vespúcio, que chegou ao Brasil em 1501, e da quarta e última viagem do almirante (1502-1504), escrevendo: "a meta imediata de Colombo, assim como a de Vespúcio, consistia em encontrar a passagem para o Oceano Índico, mas procurando-a em outras latitudes [...]. Para Colombo, a passagem deveria estar entre a Ilha da Terra e o Novo Mundo, onde supunha estar o paraíso terrestre e, por esse rumo, os reis o mandaram procurar". [...] "A frota chegou ao ponto em que terminava a jurisdição de Portugal e começava a de Castela, segundo o tratado de Tordesilhas (1519)". [...] "Tal como Colombo se viu obrigado a aceitar a tese que havia servido a

Vespúcio como base para a sua exploração, a que postulava uma península adicional à Ásia, de sua parte, Vespúcio viu-se forçado a aceitar a tese renegada por Colombo, a que supunha a existência de um novo mundo".

Portanto, mesmo em sua quarta viagem, Colombo continuou com a tese da península adicional e acreditou poder explicá-la dentro do quadro da imagem tradicional do mundo. Colombo morreu pensando que havia chegado à Ásia, mesmo quando, depois da segunda viagem, aceitou a ideia de que essas poderiam ser terras novas, ideia que depois abandonou.

O'Gorman escreve que "a exploração realizada por Vespúcio conseguiu converter-se na instância empírica que abriu a possibilidade de explicar as terras encontradas no Oceano de maneira diferente daquela imposta pelo planejamento inicial" e "abriu a possibilidade, não mantida pela tese de Colombo, de conceber a totalidade das terras encontradas de um modo que ultrapassava o marco das concepções e premissas tradicionais".

Segundo O'Gorman, "a velha teoria da Ilha da Terra como o único lugar designado ao homem para seu domicílio cósmico está prestes a entrar em sua crise e derrocada final". "Foi assim, então, que surgiu a ideia de que essa terra setentrional bem poderia ser outra grande ilha, também desconhecida dos antigos até então". "Apresenta o aspecto de duas grandes ilhas situadas a oeste da Europa, sem sugerir-se ainda a imagem do oceano que agora chamamos de Pacífico". "Em momento algum há algo que se possa interpretar no sentido de que Vespúcio pensasse que essas terras seriam asiáticas. Ao contrário, o autor traça um quadro de regiões inéditas, assombrosas e estranhas". "Surge a necessidade de conceder um sentido próprio à entidade que lá reclama seu reconhecimento e uma existência específica que a individualize. Vespúcio não inferiu esta implicação necessária e nem tentou fazer frente àquela necessidade. Quando isto acontecer, a América terá sido inventada". "Não certamente como o resultado de uma súbita revelação de um descobrimento que teria exibido, de repente, um suposto ser misteriosamente alojado, desde sempre e para sempre, nas terras que Colombo encontrou, mas como o resultado de um complexo processo ideológico que, através de uma série de tentativas e hipóteses, acabou por atribuir-lhe um sentido peculiar e próprio, o sentido real de ser a 'quarta parte' do mundo".

4. A estrutura da existência da América e o sentido da história americana

Este capítulo, acrescentado à edição de 1977, recapitula alguns dos temas tratados ao longo do livro e tenta levá-los a uma ideia de história americana.

O'Gorman escreve: "neste segundo e novo sentido, o *orbis terrarum* já não se identifica somente como a Ilha das duas grandes entradas insulares que agora se dizem estar incluídas, mas como o globo terrestre inteiro". "O mundo, por conseguinte, não era algo dado e feito, mas algo que o homem conquista, faz e que, portanto, pertence-lhe a título de proprietário e senhor".

O'Gorman conclui que a invenção da América constitui o "primeiro passo do processo de tomada de posse do Universo por parte do homem". "Quando, mais tarde, apareceram novas massas de terra incógnita, estas foram automaticamente incluídas no mundo, sem a necessidade de repetir o complicado e penoso processo que foi necessário no caso da América". "No Renascimento, o homem deixou de considerar a si mesmo um servo prisioneiro para transfigurar-se no dono e senhor de seu destino". "A América surgiu no horizonte histórico como o país do futuro e da liberdade". "Europa, Ásia, África e América. Em que sentido tratam-se de entidades semelhantes. Por qual motivo são distintas. A Europa continua considerando-se a mãe cultural das outras três". "O oceano foi incluído no *orbis terrarum [Cosmographie introductio]*" e "cessou automaticamente de delimitar o mundo. Já não representa mais uma descontinuidade propriamente dita, mas um mero acidente geográfico que, como no caso de um rio ou de uma cordilheira, demarca províncias ou porções distintas de uma extensão de terra que, não por isso, deixa de ser contínua". "Ao invés da terra parecer integrada, como antes, por ilhas gigantes, é o mar que aparece formando enormes lagos".

Quando O'Gorman recapitula sobre a ciência geográfica da antiguidade, escreve: "a divisão tripartida foi afirmando-se e refinando-se até converter-se na base imprescindível da organização daquela disciplina. Dessa forma, integra uma estrutura de índole qualitativa do cenário cósmico em que se desenvolve a vida humana, não no plano da igualdade, mas em uma hierarquia que não remete, a princípio, a circunstâncias naturais, mas a diferenças de índole espiritual". "A divisão tripartida fincou raízes na consciência religiosa ao receber apoio renovado em diversas interpretações alegóricas". "A Europa assume a história universal, enquanto os valores e as crenças da civilização colocam-se como paradigma histórico e norma suprema para julgar e definir o valor das demais civilizações". "A América, na verdade, foi inventada como entidade física de continente e como entidade histórica de *novo mundo*". "A América constituiria, portanto, a possibilidade de realizar uma nova Europa".

Como O'Gorman destaca, o desconcertante é que tenham se desenvolvido "duas Américas, a latina e a saxônica". "A norma consistiu em transplantar às Terras da América as formas de vida europeia, concretamente ibéricas". Portanto, o que a Espanha fez foi adaptar as circunstâncias ao modelo, ao tentar, de boa fé, incorporar o índio por meio de leis. Com os processos de independência, aproximadamente em 1820, quebrou-se o círculo mágico de um passado que compelia os países americanos à obrigatória imitação de um arquétipo.

Se na América Latina deu-se continuidade à vida imitadora de uma Espanha que já havia perdido o trem da modernidade, na América anglo-saxônica ocorre a adaptação do modelo às circunstâncias. Segundo O'Gorman, o que ocorreu na América anglo-saxônica foi que "muito cedo generalizou-se um processo de transformação alimentado pelo sentimento de que as novas terras não eram um presente providencial para o aumento do poder e da riqueza das metrópoles, mas a oportunidade de exercer, sem os impedimentos tradicionais, a liberdade religiosa e política, dando continuidade ao esforço e engenhosidade individuais". "Os grupos que foram se assentando realizaram, cada um ao seu modo, a Nova Jerusalém de suas preferências". "Foram se adaptando para produzir novos hábitos e estabelecer bases da vida comunitária não ensaiadas anteriormente. O indígena permaneceu à margem [...], abandonado a sua sorte e ao extermínio, como um homem sem redenção possível".

Por fim, a América anglo-saxônica baseou-se na liberdade pessoal e no trabalho, em devastar bosques, transformando o inútil em útil, o estéril em frutífero, o inóspito em habitável. Há uma inconformidade completa com a mera repetição da Europa. Por outro lado, na América Latina predominaram a burocracia e os privilégios, organizando-se sobre o sistema de exploração dos nativos, conformando-se em recolher riquezas onde Deus as havia semeado.

A contribuição ibérica baseou-se na crise do conceito insular do mundo geográfico. A contribuição anglo-saxônica, na crise total do velho conceito do mundo histórico como exclusivo do futuro europeu.

O'Gorman conclui o livro escrevendo: "que o alcance desta meta implique um percurso de violência e injustiças, que durante ele ocorra, até mesmo, o risco de um holocausto atômico, não deve impedir a convicção sobre a autenticidade daquela suprema possibilidade histórica". "A grandeza da invenção da América apoia-se em duas verdades históricas: a primeira é que o homem ocidental livrou-se do antigo cárcere de seu mundo insular; a segunda, que livrou-se da velha hierarquia tripartida do eurocentrismo". "A América colocou em crise o velho conceito do mundo histórico como exclusivo do futuro europeu. Mostrou que o devir pertence à raça humana, independentemente de sua condição". "Este é o único projeto com real possibilidade de congregar todos os povos sob o signo da liberdade. O destino humano não está predeterminado".

2. Enrico Tedeschi, *Una introducción a la historia de la arquitectura. Notas para una cultura arquitectónica*, Tucumán, 1951

Enrico Tedeschi (Roma, 1910 – Mendoza, 1978) graduou-se arquiteto em 1934, em Roma, e, depois da Segunda Guerra Mundial, colaborou com Bruno Zevi na revista *Metron*, promotora do movimento organicista. Em 1948, emigrou para a Argentina, onde deu aulas em Tucumán, depois em Córdoba e, por último, em Mendoza, onde se estabeleceu e criou uma nova Faculdade de Arquitetura.

O livro mais difundido de Tedeschi foi *Teoría de la Arquitectura*, embora já tivesse publicado *Una introducción a la historia de la arquitectura. Notas para una cultura arquitectónica*, editado pela Universidade Nacional de Tucumán em 1951, no qual se apresenta todo o corpo de conhecimentos disponíveis no campo da teoria, história e crítica de arquitetura, questões que comentaremos aqui.

O primeiro capítulo, intitulado "Introdução à história", é uma defesa da nova aliança necessária entre arquitetura e história em um novo período em que a arquitetura moderna deveria ser capaz de recuperar sua sintonia com o conhecimento da história. Tedeschi argumenta que "não se pode ser herói todos os dias" e que "muitos arquitetos continuam relatando a mesma mitologia abstrata de trinta anos atrás (...) sem entender que, se não devolvermos conscientemente a arquitetura à realidade, estreitando novamente o contato entre a arquitetura e a história, entre ação e crítica, o dano recairá completamente sobre o movimento moderno e será bastante grave".

O segundo capítulo, intitulado "História e crítica", apresenta o resumo mais sintético de todas as contribuições da crítica de arte e arquitetura. Em grande parte, Tedeschi apoia-se no livro de Lionello Venturi, *Historia de la crítica de arte* (1936). Começa por Vitruvio e pelo manual técnico de Villard de Honnecourt e continua com todos os tratadistas renascentistas: Brunelleschi, Vasari e Ghiberti. Depois, prossegue com os tratadistas do neoclassicismo, os estudos arqueológicos de Winckelmann e Mengs, e com fenômenos como o traslado dos frontões do Parthenon para o Museu Britânico por Lord Elgin. Prossegue com os rigoristas italianos Lodoli, Algarotti, Milicia e Memmo, com o movimento das *Arts & Crafts* de Ruskin, Pugin e Morris, e o positivismo de Semper, Viollet-le-Duc e Choisy. Tedeschi detém-se em todas as contribuições da teoria da pura visibilidade e no texto de Goeffrey Scott, *Architecture of Humanism* (1914), do qual considera ser o principal valor o fato de "estar chamando à atenção, pela primeira vez, sobre a importância do espaço, do vazio frente ao invólucro e ao maciço do edifício". O livro culmina com as teorias de Benedetto Croce, um de seus mestres mais diretos, e com sua defesa dos dois momentos cruciais de toda a pesquisa e interpretação: o momento positivista da pesquisa e análise dos dados práticos, técnicos, econômicos, culturais e ambientais, bem como o momento da síntese, do exame crítico da obra de arte.

O terceiro capítulo, intitulado "Como viam, como vemos", dedica-se a revisar as diversas interpretações a partir de diversos momentos históricos e posições da crítica, citando dois exemplos: São Pedro de Roma e o Pavilhão de Barcelona, de Mies van der Rohe.

O quarto capítulo, intitulado "Matéria e método", trata de questões metodológicas e de análise formal, detendo-se nos critérios de Wincklemann, Geoffrey Scott, Bruno Zevi, Henry Focillon, Wölfflin e Viollet-le-Duc, culminando com uma citação de Benedetto Croce: "Toda obra só pode ser bem interpretada ou bem re-evocada se considerada sua localização histórica, na qual todas as obras anteriores, junto com a história da qual participam, convergem nela". Tedeschi conclui este capítulo insistindo sobre a "necessidade de uma ponte entre a arquitetura, a crítica e a cultura modernas".

"Espaço, intuição e representação" é um capítulo dedicado às diversas concepções do espaço: Scott, Wright, Zevi e Giuseppe Samona. O sexto capítulo é dedicado ao "espaço externo, urbanismo e paisagem"; nele, supera a restrição de Zevi, que entende o espaço apenas como o interior, e defende a ideia de que "o espaço externo se origina por meio das relações entre edifícios, e entre edifícios e a natureza". Nesse capítulo, fala do paisagismo, "filho da chamada arte dos jardins, e que vem a integrar o urbanismo e a arquitetura em uma relação necessária com o ambiente natural".

O sétimo capítulo, intitulado "Valores práticos e ideais", baseia-se essencialmente na estética de Benedetto Croce. Na conclusão, insiste no objetivo principal do livro ao citar Croce e Schlosser: "Servir para a reconstituição da unidade da cultura no campo arquitetônico, fazendo uma ponte entre a atividade crítica e criadora, entre críticos e arquitetos".

3. José Luis Romero, *Latinoamérica. Las ciudades y las ideas*, Buenos Aires, 1976

José Luis Romero (1909-1977), nascido em Buenos Aires, dedicou-se à história da cultura, partindo do conhecimento da cultura ocidental e sugerindo a vastidão de um projeto histórico feito com certa precariedade de meios. Romero seguia o pensamento socialista e seu método de trabalho multidisciplinar aproximava a história, a sociologia, a literatura, a filosofia e a economia.

Três dos grandes pilares de seu pensamento foram François Burkhardt e sua história da cultura e das ideias, a escola francesa dos Annales e sua história das mentalidades, o marxismo e a história econômica.

Autor de diversas obras, tanto sobre a história clássica ocidental como sobre a história argentina, uma parte da produção de Romero foi dedicada à questão dos métodos.

Síntese de muitas de suas pesquisas e resultado final de seu imenso e trabalhoso arquivo, o livro *Latinoamérica. Las ciudades y las ideas* é uma obra madura, publicado em 1976, um ano antes de sua morte, produzido quando assistia a uma reunião da Universidade das Nações Unidas, em Tóquio.

Ao longo do livro, Romero enfatiza a capacidade da Espanha de imaginar e criar uma rede de novas cidades planejadas em seu projeto colonial, seguindo a Lei das Índias. Romero escreve na introdução que "povos e cidades indígenas foram submetidos ao novo mundo dos conquistadores".

O livro parte da pergunta sobre o papel ocupado pelas cidades no processo histórico latino-americano.

Nessa história, o Brasil é um caso extremo, pois "os processos sociais e culturais passam fundamentalmente pelas áreas rurais durante os primeiros séculos da colônia". O Brasil, devido ao seu tamanho e diversidade, e por ser de fundação portuguesa, muito mais pragmática, teve um desenvolvimento muito diferente, segundo Romero. Sua poderosa aristocracia proprietária de terras amava a vida rural e residia em meio às suas posses.

O primeiro capítulo, intitulado "América Latina e a expansão europeia", analisa os motivos dessa primeira expansão europeia até a periferia e como se aliaram as três classes ou grupos sociais que precisavam uns dos outros para se complementarem, isto é, combatentes, comerciantes e eclesiásticos: a nobreza, cujos filhos menores ambicionavam possuir novas terras, a burguesia, que necessitava da força militar da nobreza para abrir novos mercados, e a igreja católica, que desejava estender sua esfera de influência. A sociedade cristã feudal encontrava, assim, uma forma de desenvolver-se, reconstruindo na América uma sociedade feudo-burguesa.

O segundo capítulo, dedicado ao "Ciclo das fundações", estuda a implantação da Europa colonial em um mundo que possuía outra escala, onde a cidade ocupa o papel de núcleo do processo de colonização; mas uma cidade inicialmente fortificada.

O terceiro capítulo, dedicado às "Cidades fidalgas das Índias", estuda a formação das sociedades barrocas e a passagem paulatina de cidades fidalgas à utilidade das cidades mercantis. Nesse período, monta-se uma sociedade muito dual, governada por uma oligarquia poderosa, na qual as agressões aos indígenas começaram a ser controladas. Busca-se um mundo ordenado e estético.

O quarto capítulo é dedicado às cidades *criollas*, com o papel das burguesias mestiças. As burguesias *criollas* emergentes, procedentes em grande parte do campo, ativariam o comércio no final do século 18 e se uniriam às ideias da Ilustração e do progresso. O mercantilismo e o impulso da sociedade mestiça deixaria para trás a estrutura artificial da cidade fidalga e sua imobilidade social. O impulso da independência estava tomando força.

O quinto capítulo dedica-se às cidades aristocratas, posterior aos processos de independência. Seria um período de conflitos e guerras civis. As burguesias *criollas*, constituídas a partir das últimas décadas do século 18, deram lugar a uma nova aristocracia que se formou nas lutas pela organização das novas nacionalidades, constituindo a classe dirigente das cidades por cima de uma massa heterogênea à qual se incorporaram, muitas vezes, novos elementos de origem rural. Surgiu a nova aristocracia, mescla de extremos: urbana e rural, iluminista e romântica, progressista e conservadora.

A sexta parte, dedicada às "Cidades burguesas", inicia-se em 1880 e estuda a transformação das cidades que tiveram maior desenvolvimento, muitas delas ao lado de portos, como Caracas e La Guayra, Lima e El Callao, Rio de Janeiro, Buenos Aires, Valparaíso ou Guayaquil, além das burguesias portuárias, como as que surgem em Veracruz ou nas cidades colombianas como Santa Marta, Cartagena ou Barranquilla. São Paulo, que já tinha um milhão de habitantes em 1930 e havia se convertido na metrópole do café, contava com um importante centro cultural e um vigoroso desenvolvimento industrial. Nessa parte analisa-se a influência do urbanismo de Haussmann nas grandes capitais latino-americanas, derrubando preexistências, criando amplas avenidas e perspectivas, hotéis e palácios, monumentos erigidos em lugares de destaque e jardins.

O sétimo e último capítulo é dedicado às cidades massificadas e ao seu rápido crescimento, que as transformam em grandes metrópoles a partir de 1930. Em 1940, Buenos Aires, México, Rio de

Janeiro e São Paulo superavam um milhão de habitantes. Nos anos 1970, quando Romero escreveu seu livro, México e Buenos Aires ultrapassavam os oito milhões e meio de habitantes.

Ao mesmo tempo ocorrem outros fenômenos, como o das cidades-museu, que ficaram paradas no tempo, nas quais o turismo alimenta suas vidas artificiais: Taxco e Guanajuato no México, Antigua na Guatemala, Villa de Leiva na Colômbia, Cuzco no Peru. E muitas cidades crescem desordenadamente com bairros ilegais para imigrantes, como ocorre em Cali e Medellín.

Por fim, trata-se de um livro básico e imprescindível para se iniciar qualquer pesquisa sobre as cidades latino-americanas. Um livro que interpreta a América Latina como sendo essencialmente uma geografia de cidades.

4. Lina Bo Bardi, *Contribuição propedêutica ao ensino da teoria da arquitetura*, São Paulo, 1957

Lina Bo Bardi (1914-1992) estudou arquitetura em Roma, Itália, e emigrou para o Brasil em 1946, naturalizando-se brasileira em 1951. Ao longo de sua obra arquitetônica e teórica, buscou uma linguagem primordial que, partindo da essência da arquitetura moderna, foi-se aproximando paulatinamente das arquiteturas vernáculas. Atuando como museóloga e pedagoga, Lina Bo Bardi dedicou-se ao estudo da arte popular brasileira, publicando livros como *Tempos de grossura: o design no impasse* (1994).

Contribuição propedêutica ao ensino da teoria da arquitetura foi apresentada por Lina Bo Bardi em 1956 no concurso para professora de Teoria da Arquitetura da Faculdade de Arquitetura e Urbanismo da Universidade de São Paulo, cadeira que não conseguiu.

Todo o texto é fortemente marcado pelo conhecimento da história e por uma preocupação humanista. Neste sentido, é um livro que se situa na tradição dos tratados italianos do Renascimento.

As teorias adotadas por Lina Bo Bardi são, essencialmente, as concepções humanistas baseadas no conceito de espaço, tal como desenvolveram Geoffrey Scott e Bruno Zevi. Lina Bo escreveu: "tenderíamos antes para uma teoria do 'espaço- espaço total', um espaço à disposição do homem, ou seja, um espaço que participa da vida humana, sendo o homem como é, 'ator', no espaço do mundo".

Em síntese, o livro desenvolve três grandes temas.

Na base, está a vontade de continuidade histórica, na qual às referências brasileiras aderem-se fortes referências do pensamento ocidental, especialmente a cultura do Renascimento italiano.

Além disso, ao longo do livro há uma forte ênfase no binômio arquitetura-natureza, que discute os problemas ecológicos de forma pioneira. Lina Bo Bardi foi uma das primeiras autoras que, já nos anos 1950, adverte sobre os problemas ecológicos que se aproximavam: escassez de água, incêndios florestais, erosão e degradação. Escreveu que "a arquitetura se inspira na natureza que a governa" e, referindo-se ao VIII Congresso Internacional Científico do Pacífico, realizado em Manila em 1952, fala dos "problemas do perigo do desvio de grandes cursos d'água, do reflorestamento e das normas jurídicas contra os incêndios das florestas, da conciliação das exigências do homem hidroelétrico com a preocupação pelo desaparecimento do *pinus insularis* que a natureza colocou em determinados lugares não somente por motivos de beleza mas sobretudo para consolidar o terreno e evitar a erosão, vê-se claramente que o homem começa a se preocupar seriamente pelo tema: arquitetura habitat".

Em terceiro lugar e especialmente na segunda parte, Lina Bo Bardi faz a defesa da necessária fusão entre a arte e a ciência, continuando a tradição do rigorismo neoclássico de Milizia e Lodoli, tomando como referência o seu mestre, Pier Luigi Nervi.

O livro está dividido em duas partes. A primeira, intitulada "Problemas da teoria da arquitetura", é uma revisão de aspectos da tradição clássica, moderna e tecnológica da arquitetura, detendo-se em ideias de autores como Vitruvio, Lodoli, Guadet, Le Corbusier e Nervi. Esse capítulo termina dedicado às relações do arquiteto com a sociedade e o cliente.

A segunda parte, intitulada "Problemas de método", segue o exemplo dos mestres modernos e desenvolve a teoria do espaço interior, de acordo com Vico, Focillon, Scott, Zevi e Nervi.

Trata-se do texto chave para entender o mecanismo mental de Lina Bo Bardi. Lina foi não só uma das primeiras mulheres arquitetas reconhecidas no século 20, mas, assim como Alison Smithson e Denise Scott Brown, foi também uma das primeiras mulheres arquitetas a exercer a crítica da arquitetura. Neste sentido, Lina Bo Bardi foi uma mulher pioneira ao discutir, na teoria e em suas obras, a questão da tecnologia na arquitetura, um terreno que historicamente tem sido exclusivo aos homens.

5. Juan Borchers, *Meta-arquitectura*, Santiago do Chile, 1975

O arquiteto chileno Juan Borchers (1910-1975), nascido em Punta Arenas, formou-se arquiteto na Universidade do Chile, na cidade de Santiago, e dedicou-se a criar um sistema próprio de arquitetura a partir de 1944; desenvolveu grandes períodos de viagens e estadias de estudo na Europa, África, América e Ásia, revisando seus planos de estudos.

A obra publicada por Borchers não é mais do que uma pequena parte de todo o seu sistema teórico e de dúzias de cadernos de instruções e anotações de suas viagens. Em 1968, publicou *Institución arquitectónica* e, em 1975, já como obra póstuma, *Meta-arquitectura*. Ambos os livros reúnem apenas uma parte de sua teoria. Alguns de seus escritos foram publicados mais tarde, como *Haithabu*, escrito nos anos 1960 e publicado em Madri em 1988.

Meta-arquitectura reúne uma parte de sua teoria da síntese de todas as artes, e dividide-se em duas partes: a primeira dedica-se à série e a segunda, à unidade.

O livro é explicitamente dedicado ao arquiteto espanhol Francisco Javier Sáenz de Oíza, com quem conviveu em Madri no final dos anos 1940 e durante os anos 1950. Borchers considera-se admirador de Antoni Gaudí, sobre o qual declara "não estar situado no lugar que lhe corresponderia quando seus contemporâneos deixarem de utilizá-lo como figura programática favorável ou contrária às suas crenças, dirigidas pelas causas que defendem. Gaudí aparecerá mais próximo a Van Gogh na contemporaneidade mais recente, como Fidias e Mozart aparecem na mais distante".

No prefácio, explicita a diversidade e a quantidade de referências que adotou em seu desejo de "fusão de aritmética, geometria e álgebra", desde Alberti até Nietzsche, deixando claro tratar-se de "trabalho monstruoso" e que "todo o livro é um adeus absoluto e sem retorno possível". As referências que utiliza são também de seus contemporâneos, enfatizando que ele é um "estudioso da lúcida obra do Padre Van der Laan, incorporando seu sistema e sua terminologia, superando-os no seu alcance numérico, conceitual, poéticos e bases sensoriais da arquitetura".

A primeira parte é dedicada à série, com diversos gráficos e fórmulas para sintetizar a realidade, divide-se em quinze seções: 1. A série; 2. A série cúbica; 3. Ligas; 4. O cubo, onde se detém a analisar as teorias de Juan de Herrera, o sistema do Modulor de Le Corbusier e as ideias de Bruno Zevi sobre a concepção do espaço; 5. Valores críticos; 6. Ação rítmica, onde se trata do elemento primigênio da música e o jazz como música sincopada; 7. Protonúmero arquitetônico; 8. Geração dos números, referindo-se aos seus valores simbólicos: quatro estações, doze meses, sete dias, três estados da matéria; 9. Proporções médias; 10. A quaternária e sua dinâmica; 11. Congruências; 12. Dinamodinamis; 13. Base fundamental da série cúbica; 14. Operações regulares da série cúbica; 15. A sombra do Parthenon.

A segunda parte, dedicada à unidade, organiza-se nas seguintes seções: 16. Medir; 17. Padrão de unidade plástica; 18. Estado crítico, onde se postula que "a perspectiva, criada pelos grandes mestres do *quattrocento* italiano, apresenta o caso de uma aplicação desse modo de pensar matemático às entidades do mundo sensível"; 19. Valores plásticos; 20. O campo mágico; 21. A imposição de medidas; 22. Ordem matemática – ordem arquitetônica, onde expressa a visão poética e escreve: "em um entardecer de outubro cheguei a Atenas... o mar de Pireu brilhava. Atenas não pesava como pesa Roma. Não tem esses incêndios de entardecer sanguinolento. A noite de Roma é profunda, seu vazio imenso, o rumor de suas fontes, suas escadarias, suas praças vazias"; 23. Os números do número; 24. Algoritmo do todo; 25. Gnomônica; 26. O labirinto; 27. O sentido; 28. Eólica, dedicada a Éolo, deus do vento.

Depois desse inventário tão "borgiano", Borchers termina com uma citação literal de Charles Baudelaire: "Tudo é número. O número está em tudo. O número está no indivíduo. A embriaguez é um número".

É praticamente impossível resumir em uma resenha os detalhados raciocínios de Borchers, com fórmulas matemáticas e momentos de lirismo.

6. Alberto T. Arai, *Caminos para una arquitectura mexicana*, Cidade do México, 1952

Alberto Teruo Arai (1915-1959) formou-se em arquitetura pela Unam da Cidade do México em 1940 e concluiu seu doutorado em filosofia, demonstrando uma capacidade única de julgamento conceitual. Formou-se com Enrique Yánez e Ricardo Rivas e seus escritos seguiam o ideal filosófico neokantiano.

Filho de pai japonês e mãe mexicana, Arai foi um dos criadores da Associação México-Japonesa em 1959. Foi membro da efêmera União de Arquitetos Socialistas e professor de teoria da arquitetura e de projeto arquitetônico.

Publicou diversos tratados e manuais relacionados ao ensino da arquitetura e seu texto *Caminos para uma arquitectura mexicana*, de 1952, foi reeditado em 2001 pelo Instituto Nacional de Belas Artes, graças à iniciativa de Louise Noelle, historiadora da arquitetura.

No livro, expressa sua extensa cultura, seus conhecimentos de história, arqueologia e filosofia, recorrendo a uma escrita sofisticada. A estrutura de seu pensamento se apoiava na visão otimista da civilização presente no pensamento alemão sobre a técnica, dentro da escola neokantiana de Marburg.

Partindo do ideal filosófico neokantiano, o livro divide-se em duas grandes partes: a primeira é dedicada à "necessidade de uma doutrina arquitetônica própria"; e a segunda, ao "aproveitamento da tradição indígena". O objetivo do livro é sintonizar os princípios internacionais da arquitetura moderna com a densidade e a riqueza da própria tradição mexicana.

Na primeira parte, coloca-se "a pergunta sobre o que é" e defende uma modernidade que não se basearia em uma imitação servil. Segundo Arai, "a independência completa de nosso continente é uma transformação gradual". Trata-se de manter as raízes, mas também de seguir os caminhos de uma modernidade que supera o que Arai denomina de "animalidade". Arai escreve que "o subconsciente não é e nem poderá jamais ser fonte de criação cultural". Trata-se de inventar, não de repetir, uma vez que copiar não é progredir.

Ao tratar do método histórico, Arai interpretava o ser humano e o seu entorno, escrevendo que "o homem é cultura frente à natureza. Porém, ser cultura é ao mesmo tempo ser história. [...] O presente vem sendo uma valorização do passado. [...] O horizonte aberto do homem histórico, que sabe superar a limitação de sua constituição orgânica e somática, psíquica e fisiológica, por meio da lucidez de sua consciência cognitiva, de sua vontade empreendedora e de seu sentimento artístico. [...] A verdadeira criação cultural [...] consiste precisamente em estar apoiada no conhecimento da experiência do passado para, assim, poder planejar imediatamente o futuro".

Em uma das seções, Arai estabelece uma diferença entre a vida emotivo-artística que ocorre no México, proveniente da Espanha, e a vida racionalizada, o predomínio da iniciativa comercial e maquinista, típica dos Estados Unidos e procedente da Inglaterra. Isto é, o índio e o europeu. Arai escreve: "a vida futura da América tem a responsabilidade de libertar o escravo do trópico por meio da máquina para que se possa cultivar seu espírito e convertê-lo em um ser criador de novos valores para a humanidade". Nesta visão, que coloca em sintonia os valores existentes com a forte aposta na técnica do futuro, ressoam as ideias de Frank Lloyd Wright, especialmente sua utopia da Broadacre City.

A primeira parte termina tratando do progresso latino-americano, do povo mexicano que "pede, aos gritos, maior tecnização para os seus meios". E conclui: "somente com a prorrogação do velho se tornarão mais interessantes e atrativas as inovações", defendendo a recuperação do equilíbrio perdido entre o velho e o novo, o racional e o irracional, o emotivo e o sereno, a paixão e o cálculo.

Na segunda parte, dedicada ao aproveitamento da tradição indígena, ele parte da consciência histórica do ser humano e de que "recriar uma coisa é voltar a fazer algo que já era, mas de maneira inovadora". Arai defende uma consciência histórica e social.

Trata das diferentes culturas e arquiteturas indígenas e sua conformação geométrica da paisagem, enfatizando as características comuns de tal arquitetura no "sábio enquadramento conquistado ao se remodelar o solo geometrizando a natureza circundante. O céu é o único teto dessa arquitetura feita para ser habitada ao ar livre. Alargamento do território por meio de vazios e pavimentos, amplas esplanadas, grandes terraços escalonados, [...] muros em talude, [...] que, em vez de separar, como ocorre em paramentos verticais, ligam, unem, entrelaçam os diversos elementos que se estendem do rés do chão; [...] o plano inclinado serve para executar uma função dupla: a utilitária, por meio de terraços, níveis e escadarias; e a artística, que suaviza os contrastes entre a obra arquitetônica e a paisagem natural". Segundo Arai, o milho, base da alimentação, ao converter-se em uma massa maleável, está na origem da plasticidade do estilo indígena, demonstrando como as formas são "o resultado da luta entre a brandura e a dureza".

No último trecho da segunda parte, a seção 24, intitulada "Em direção à mestiçagem dos estilos", Arai insiste nessas características dominantes. Diante da leveza, transparência e fragilidade das formas das arquiteturas contemporâneas na Europa, predominam no México os blocos fechados, massas impenetráveis, volumes pesados, cegos, enormes, que se fincam na crosta terrestre, como a rocha que há séculos desafia o espaço, o vento e os sismos. Portanto, o objetivo seria "trabalhar para a união do espírito tradicional em conjunto, da herança indígena neste caso em particular, com a alma cosmopolita de nossos dias". Segundo Arai, "cedo ou tarde conquistaremos a fusão dessas antíteses aparentes. Haverá uma mestiçagem de estilos, uma arte híbrida no melhor sentido do termo". O texto termina com uma chamada a "um mundo inter-regional, que seja capaz de superar o cosmopolitismo monótono e indiferenciado, por isso mesmo fomentador da cooperação mútua entre as personalidades cristalizadas nos diversos núcleos humanos".

7. Luis Miró Quesada, *Espacio en el tiempo. La arquitectura como fenómeno cultural*, Lima, 1945

O arquiteto peruano Luis Miró Quesada (1914-1994), membro fundador do Grupo Espaço, cujo manifesto foi divulgado em 1947, já havia publicado anteriormente o livro *Espacio en el tiempo* (1945), uma reflexão sobre a integração da arquitetura moderna no contexto da arquitetura peruana.

Espacio en el tiempo, que traz o subtítulo *La arquitectura moderna como fenómeno cultural*, parte das ideias de espaço e tempo presentes na filosofia de Immanuel Kant. Ao escrever "o tempo e o espaço estão em nós e evoluem conosco", Miró Quesada se aproxima das teorias modernas da arte e do espaço de Schmarsow e Riegl, sintonizando-se com o que escreveram Sigfried Giedion e Bruno Zevi naqueles anos. O autor anuncia a chegada de um "novo tempo", um "novo sentimento cósmico". Em seu livro, defende uma síntese expressiva da tríade espaço, cultura e tempo, rechaçando o pseudomodernismo que ridiculariza o antigo e trata o passado como tábula rasa, convertendo-o em um mero estilo. Miró Quesada proclama: "Porque admiro e compreendo a perfeição do Parthenon, a espiritualidade da Catedral de Chartres e a magnificência de São Pedro de Roma. Porque gosto do sereno equilíbrio dos templos gregos, da imperial grandeza das construções romanas, do exaltado misticismo das catedrais medievais e do brilhante e vital panteísmo dos palácios renascentistas. Porque consegui aprofundar o amor às culturas que antecedem e sustentam esta em que vivo hoje. Porque aprendi com a história que a verdadeira arquitetura é uma arte viva. Porque creio na evolução gradativa do gênero humano e nela sinto, amo e vibro na ânsia de interpretar seu espírito arquitetonicamente. Por tudo isso, tenho fé na nova arquitetura, em uma arquitetura totalmente nova, que rompa com o passado histórico e esteja, por isso mesmo, em consonância com a história".

O livro é composto de duas partes, cada uma com dez capítulos. O primeiro capítulo da primeira parte é dedicado à arquitetura moderna, entendida como "arquitetura viva". Miró Quesada entende a arquitetura como um organismo vivo e evolutivo, considerando que ela está baseada na liberdade de criação e insistindo sobre o rompimento de toda estabilidade de estilos. Os motivos dessa evolução vão muito mais além do estilo e, portanto, o autor é contrário a qualquer pseudomodernismo e arqueologia, indo contra a própria ideia de estilo, seguindo abordagens radicais modernas como as de Walter Gropius. Ele escreve que "a evolução arquitetônica ocorrida não é simplesmente de forma e expressão, pois possui raízes mais profundas". Estes seriam motivos técnicos, necessidades humanas modernas de satisfação, emoção atual autêntica a exteriorizar.

No segundo capítulo, "Arquitetura contemporânea. Fenômeno histórico", ele insiste que "o desprezo ou a incompreensão da verdade anterior é ignorância petulante que conduz ao nefasto pseudomodernismo". Nesse capítulo, Miró Quesada defende a síntese expressiva da trindade espaço, cultura e tempo, e define que "construção é equilibrar matéria". Nessa seção aparece o ato de fé na nova arquitetura citada anteriormente, bem como a argumentação de que não se trata de uma ruptura com a história, mas de projetar em consonância com a história.

No terceiro capítulo, "Nova forma social, nova arquitetura", ele insiste na vertente social da arquitetura, uma vez que "o problema da arquitetura de hoje é a base do equilíbrio social". Desenvolve crítica às más soluções da habitação contemporânea, pois a moradia deveria garantir o equilíbrio entre a forma social e a expressão arquitetônica. Não são consideradas as grandes mudanças produzidas em sociedades nas quais "a mulher passou a tomar parte ativa da coletividade". Por fim, segundo Luis Miró Quesada, "o urbanismo nada mais é do que a função social da arquitetura, é o prolongamento do exercício da arquitetura, do problema individual ao problema coletivo".

O quarto capítulo, dedicado à "Arquitetura e tecnologia", defende a necessidade de uma total renovação da arquitetura, pois esta deve ser verídica, racional e técnica na medida em que surge um novo espírito tecnológico.

O quinto capítulo, "A estrutura, medula de uma arquitetura atual", enfatiza os materiais e as estruturas arquitetônicas, defendendo "uma arquitetura que sublime a estrutura e não a esconda sob uma roupagem artificial, mas que a mostre íntegra em sua verdadeira consonância cultural no momento histórico em que vivemos hoje".

No texto, o autor insiste na "adequação da forma ao material", propondo, à maneira de John Ruskin, que "abandonemos totalmente a mais leve semelhança, o mais bem sucedido disfarce". Miró Quesada reafirma a constatação de que "é absurdo impor aos novos materiais, essencialmente leves, as formas clássicas, essencialmente pesadas".

A primeira parte termina com capítulos dedicados a "Clima, modernidade e regionalismo", "Ar + luz + verde = nova arquitetura", "Novas técnicas, novas formas", e "O planejamento, conceito revolucionário", nos quais insiste nas relações entre a natureza e os valores técnicos e urbanos com a nova arquitetura.

Na segunda parte, segue-se a mesma lógica de fundamentar os temas da arquitetura moderna através da história, com capítulos dedicados às relações entre arquitetura, arte e ciência, à emoção, à abstração formal, à proporção reconquistada, ao novo ritmo, à geometria sublimada, à adequação e à ornamentação.

Nos dois capítulos finais – "Os estilos, antítese; justificativa" e "O moderno como tradição" – e nas "Palavras finais", Miró Quesada insiste nas ideias desenvolvidas no livro: o forte combate ao "pseudomoderno", reforçando que há de se desconfiar "igualmente daqueles que, ao olhar para trás, só copiam o passado, e daqueles que se ofuscam com os reflexos ideológicos, não captam a substancialidade do presente"; por fim, a defesa de um novo sentimento cósmico presente na nova arquitetura, que é abstrata, leve e de volumes suspensos, em contato direto com a natureza, a própria materialização do espaço no tempo.

8. Carlos Raúl Villanueva, *Textos escogidos*, Caracas, 1980

Nascido em Londres em 1900 e formado em arquitetura pela Escola Superior de Belas Artes de Paris em 1928, Carlos Raúl Villanueva foi professor fundador da Faculdade de Arquitetura e Urbanismo da Universidade Central da Venezuela, em Caracas, autor de várias conferências e artigos, além dos livros que dedicou a Caracas.

Villanueva faleceu em 1975. Em 1980, em comemoração ao aniversário de 80 anos do arquiteto, sua escola editou uma seleção de seus *escritos* mais importantes. Na verdade, era uma nova versão de antologia anterior, intitulada Escritos e publicada em 1965 pela mesma escola. Alguns dos textos foram dedicados aos mestres da arquitetura moderna, como Walter Gropius, Le Corbusier e Alvar Aalto. Outros foram dedicados à questão da habitação e à defesa da cidade e do urbanismo. Alguns textos refletiam sobre o passado, outros pensavam a arquitetura latino-americana.

O ensaio "A síntese das artes", apresentado em Royaumont em 1962 e reescrito em 1965, desenvolvia um dos temas nos quais Villanueva teve maior autoridade: o objetivo da integração das artes na arquitetura, defendido pelos Ciam e realizado pela primeira vez na Cidade Universitária de Caracas, de Carlos Raúl Villanueva.

Villanueva refere-se primeiro ao conceito tradicional de síntese das artes nos *Arts & Crafts* e no *Art Nouveau*, especialmente o do catalão Antoni Gaudí, que soube sintetizar inspiração e técnica. Villanueva escreve que "nisto, a operação de Gaudí não difere quase em nada da antiga operação de síntese-decoração dos gregos, dos góticos e dos barrocos".

Como exemplos contemporâneos da vontade de síntese das artes, Villanueva cita a arquitetura de Juan O'Gorman, no México, na qual intervêm os muralistas mexicanos sobre uma estrutura arquitetônica de raiz funcionalista, considerando tratar-se de uma "justaposição simples de expressões artísticas distintas".

Os jardins de Roberto Burle Marx seriam outro exemplo de síntese das artes, com verde, com árvores e flores, água e pedras, de alguém que trabalha também como pintor e escultor, servindo de suporte à arquitetura de Niemeyer e aos azulejos de Portinari.

Outro exemplo seria a vontade de síntese das artes de Joaquín Torres García, no Uruguai, embora, segundo Villanueva, "somente no monumento do parque Rodó, em Montevidéu, o pintor uruguaio conseguiu realizar seu ideal".

No final do ensaio, Villanueva surpreende com a alternativa que propõe como autêntica síntese das artes: o design industrial italiano. Villanueva sustenta que "colocar a indústria e sua produção na base da integração artística significa reconhecer que ela é o único meio de comunicação artística de massa [...] o desenho industrial não elimina o pintor e o escultor, educados no artesanal, acostumados ao individual. Simplesmente desaparece com o pintor e o escultor tradicionais [...] vale a pena lançar-se de forma audaciosa pelo caminho desta nova integração".

A leitura dos textos de Villanueva é esclarecedora para se conhecer o pensamento, a concepção da história, a visão da arquitetura moderna e da cidade adotados pelo mais destacado arquiteto venezuelano contemporâneo.

9. Marina Waisman, *La estructura histórica del entorno*, Buenos Aires, 1972

Dos três livros mais difundidos de Marina Waisman (1920-1997) vamos comentar o primeiro a ser publicado. *La estructura histórica del en-*

torno, de 1972, é a raiz do trabalho que realizou depois de abandonar a docência na Universidade Nacional de Córdoba e no qual sintetizou todos os seus conhecimentos.

O livro, no rastro de *Teorías e historia de la arquitectura* (1968), de Manfredo Tafuri, enfrenta a crise geral da arquitetura do fim dos anos 1960. Para isso, Marina Waisman recorre aos instrumentos do estruturalismo com o objetivo de elaborar uma história de tipo estrutural, na mesma linha de Renato de Fusco, Claude Lévi-Strauss e Manfredo Tafuri.

Marina Waisman vai adotar de maneira versátil e crítica o conceito básico da época: a tipologia, um instrumento relacionado ao conceito de tipo ideal, oposto à ideologia do funcionalismo. O mais importante é se trata de um dos primeiros autores a adotar a tipologia como instrumento crítico, aprofundando-se em sua capacidade de transformação e opondo-se a uma concepção baseada na imutabilidade do tipo como elemento universalmente válido.

A base metodológica de Marina Waisman, apoiada no racionalismo e no humanismo, é a teoria estética de Benedetto Croce e a ideia de preexistência ambiental de Ernesto Nathan Rogers, aprendidas com Enrico Tedeschi. Por outro lado, Marina Waisman baseia-se no pensamento estruturalista da época, especialmente em Claude Lévi-Strauss e Michel Foucault.

A primeira parte do livro, "Da história da arquitetura à história do entorno", explica as razões da crise da arquitetura e inicia um dos argumentos essenciais do livro e presente no título: toda obra de arquitetura depende do entorno.

A crise da arquitetura seria o resultado do difícil equilíbrio entre o tempo lento da história e a força das mudanças tecnológicas. As mudanças tecnológicas são mais rápidas do que as sociais. Esta seria a razão de se partir de um marco referencial confuso e desajustes progressivos. Isto explicaria as grandes "dificuldades da profissão arquitetônica para cumprir o papel social que lhe compete".

Em seu livro, Marina Waisman não entende a arquitetura como uma disciplina, mas como um saber profissional. Na primeira parte do livro, ela insiste na necessidade de recuperação do papel social da profissão, propondo uma metodologia para a análise histórica do entorno que leve em conta as seguintes condições e articulações: as competências profissionais, as condições e limites da prática do saber arquitetônico, a necessidade de compromisso, os significados ideológicos e o papel da tecnologia. Segundo Marina Waisman, se "até a Revolução Industrial, saber popular e saber profissional dividiam a tarefa de construção do entorno urbano", agora o que domina é um grupo profissional-comercial.

A segunda parte, dedicada à "estrutura histórica da unidade cultural determinada pelo saber arquitetônico", está centrada na análise das ferramentas desse saber profissional, insistindo especialmente nas tipologias e nas relações.

Quando fala das séries de tipologias, estabelece diferentes tipos: estruturais, formais e funcionais. As tipologias funcionais são aquelas relacionadas aos requisitos sociais. Seguindo as ideias de Enrico Tedeschi, Waisman desenvolve as tipologias de coordenação, insistindo em autores como Mies, que acreditava na universalidade do espaço, e Kahn, que estabeleceu a diferenciação entre espaços servidos e espaços servidores.

Ao falar das relações, a autora se detém nos requisitos sociais, fazendo referências a autores como Herbert Marcuse, André Groz e Michel Foucault, e insistindo nas teorias arquitetônicas, no processo de desenho e no processo de produção.

Na terceira parte, "Primeira aproximação ao estudo de outras unidades culturais", discute a questão da localização dessas teorias e instrumentos, especialmente no contexto latino-americano. Nessa quarta parte, ela estuda a unidade cultural determinada pelo saber folclórico e popular, recorrendo às contribuições de autores como Bernard Rudofsky e Christopher Alexander.

Em suma, o texto de Waisman é pioneiro em entender a arquitetura comprometida com seu meio ou entorno – conceitos aprendidos de seu mestre, Enrico Tedeschi –, em abordar um novo contexto de relações estruturais entre objetos e ao propor uma visão crítica e evolutiva do conceito de tipologia arquitetônica.

10. Claudio Caveri, *Una frontera caliente. La arquitectura americana entre el sistema y el entorno*, Buenos Aires, 2002

Entre os muitos livros publicados pelo arquiteto argentino Claudio Caveri (1928-2011), desde *El hombre a través de la arquitectura*, de 1967, ou *Urbanismo europeo y pre-recinto americano* e *Ficción y realismo mágico en nuestra arquitectura*, ambos de 1987, até *Y América, ¿qué? Balance entre el ser y el estar como destino del hacer americano y el reflejo en su arquitectura*, de 2006, escolhemos para a análise o seu livro possivelmente mais impactante: *Una frontera caliente*.

Una frontera caliente, que se articula com as aulas de história e filosofia que Caveri ministrou aos alunos da Escola Técnica de Trujui nos anos 1990, é uma interpretação da história muito crítica à cultura europeia, na qual se coloca a América como alternativa. Caveri discute o que ele denomina "nossos respectivos caos, o da Europa, em sua etapa de decomposição, e o nosso, à espera de sua gestação".

Metodologicamente, o livro parte de dois conceitos: sistema, que toma do sociólogo alemão Niklas Luhmann, e entorno, que segue a interpretação contextualista de Enrico Tedeschi e Marina Waisman.

Depois de introduzir os critérios metodológicos na primeira parte do livro e no segundo capítulo, ele inicia a interpretação da conformação da visão europeia, surgida na Grécia e em Roma e desenvolvida ao longo da Idade Média com a visão cristã de Santo Agostinho.

O terceiro capítulo insiste na "autoconsciência do eu" e em como vai desenvolvendo-se na Europa um sujeito forte, que enxerga o mundo a partir da cultura do Renascimento, no qual o ser humano "cumpre a profunda aspiração de Narciso, onde tudo comece a girar ao seu redor"; um inflamento egoico que culmina com o calvinismo. A Europa vai se construindo sobre a dialética entre o pensamento de dominação ariano e a visão semita de estar no mundo, mas sempre reforçando o domínio do eu produtivista.

Caveri escreve: "Lutero, Calvino, Montaigne, Maquiavel, Michelângelo, Kepler, Cervantes, Shakespeare, todos contribuem na construção do conceito de natureza como cânone externo de conduta e rompem o equilíbrio entre alma e corpo, espírito e matéria, forma e conteúdo".

O quarto capítulo, intitulado "O fim da história ou o fim de uma história", trata do momento mais doutrinário do pensamento europeu, com a filosofia de Hegel e o predomínio do espírito objetivo.

A segunda parte, no quinto capítulo, discute a grande complexidade do que ele chama de "a herança e seus herdeiros", onde domina a forte dialética entre a exaltação do sujeito forte e a angústia do ser angustiado diante das alternativas humanistas do expressionismo e do existencialismo. Para além da vontade criativa de Antoni Gaudí ou de Edmund Husserl, o que acaba predominando é a Europa prepotente do naufrágio do Titanic, em 1912, e do nazismo alemão.

Nesta dialética, a grande pergunta, que se inicia no capítulo sexto, é sobre o que ocorre na América, dominada, ao norte, pelo espírito puritano e, ao sul, pela base hispânica-mestiça.

O sétimo capítulo, intitulado "O sistema da modernidade europeia instalado por seus herdeiros como cosmovisão dominante", discute o espírito dogmático impositivo da Bauhaus e dos Ciam. Caveri escreve que "a modernidade europeia, fruto dessa incrível mescla de arianos e semitas, desembocou em um determinismo da estrutura – hegemonia das relações estruturais – imaginando um mundo de pura estrutura".

Nos capítulos oito e nove, o livro faz uma conclusão sobre a globalização e a fronteira tensa sobre a qual se ergue um mundo feito de injustiças, dividido por fronteiras e a ponto de explodir. É neste contexto que a América poderia ser o lugar do equilíbrio, o lugar para uma arquitetura americana entre o sistema ou estrutura e o entorno ou contexto; uma América que previlegie o estar, que aceita sobreviver de maneira solidária no mundo, em detrimento do ser, que sempre leva à autoafirmação, ao egocentrismo e ao domínio sobre o outro.

11. Fruto Vivas, *Reflexiones para un mundo mejor*, Barquisimeto, c.1983

O arquiteto venezuelano Fruto Vivas, nascido em 1928 e formado em arquitetura em 1955, reúne parte de sua incansável luta por uma arquitetura mais humana, justa, livre e ecológica em seu livro *Reflexiones para un mundo mejor*, autoeditado em Barquisimeto, sem data impressa, embora, pelas referências bibliográficas, se possa supor que foi publicado entre 1982 e 1983.

O livre reúne diversos textos, sempre exuberantes e apaixonados, nos quais ele insiste no compromisso do arquiteto com a sociedade.

A primeira parte é composta de uma seleção de textos de conferências, artigos, cartas e entrevistas. Entre as cartas, há algumas enviadas a Alejo Carpentier, Violeta Roffe, Jesús Soto e Juan Pedro Posani. O último texto incluído é uma "Carta às alunas de castelhano e literatura", redigida em 1982.

Em todos esses textos, o autor insiste que a tecnologia deveria trazer melhorias para toda a sociedade e não apenas para os poderosos; deveria respeitar o conhecimento popular que se transmite por gerações, ao invés de evitá-lo ou destruí-lo; devera trabalhar a partir da base técnica de cada sociedade e não importar tecnologias sofisticadas, que tornam os países dependentes. A chave é priorizar processos tecnológicos que promovam a independência da sociedade.

Em seus escritos, Vivas comenta o problema habitacional, sempre oferecendo soluções, e enfrenta o "violento, caótico e impiedoso processo de urbanização".

Frente ao "caos da implantação de um modelo de civilização alheia aos nossos saberes e aos nossos desejos", tal como escreve María del Pilar Quintero em seu prólogo, Fruto Vivas responde com a necessidade de aprender com as pessoas mais simples, que possuem – como escreveu José Martí – o "conhecimento direto e fecundo da natureza". Ao escrever sobre o instinto dos camponeses ao construir suas habitações em seu texto "O arquiteto camponês pela graça de Deus" (1955), Fruto Vivas destaca a lição dos camponeses andinos e do estado de Falcón (Venezuela): "capacidade inventiva e esforço extremo buscam uma única meta: substituir e tornar tolerante a vida que, em outras palavras, é o princípio e o fim da humanidade". Mais adiante, na "Carta aos estudantes de arquitetura da Universidade Central da Venezuela" (1969), reitera que "antes de tudo, meu maior mestre tem sido o povo. Conviver com ele, partilhar de sua angústia e conhecer sua obra criadora". Conclui sua carta manifestando que "não serão necessários esses monstros de aço, pois poderão viver em uma casa que se infla e se desmonta, que se transforma, que cresce como as árvores. Esta casa poderá mover-se conforme a necessidade e tenderia logicamente a estruturas levíssimas que flutuassem no ar, estruturas limítrofes sem excessos e ao alcance de todos. Essa é, realmente, a imagem do futuro".

Para cumprir seus objetivos, Fruto Vivas não cessava de inventar: células de moradia Unimobiles, "árvores para viver", "bioarquitetura para os homens livres", cidades de malhas estruturais parecidas às de Yona Friedman.

A segunda parte reúne apreciações sobre suas obras por diversos autores, como Luis Luksic, Juan Pedro Posani e Plinio Negrete. A terceira parte, muito brevemente, reúne os dados pessoais e a experiência criadora.

Fruto Vivas foi um admirador da revolução cubana, trabalhando entre 1966 e 1968 como diretor do Departamento de Técnicas Construtivas da Direção de Pesquisas Técnicas do Ministério da Construção, em Havana, e tentou reunir todas aquelas experiências arquitetônicas que ele considera como tendo, em sua base, a experimentação formal e tecnológica: Antoni Gaudí, Eduardo Torroja, Santiago Calatrava etc.

12. Enrique Browne, *Otra arquitectura en América Latina*, Cidade do México, 1988

O livro do arquiteto e teórico chileno Enrique Browne (1942) situa-se na tradição dos Seminarios de Arquitectura Latinoamericana – SAL e segue a rota que Kenneth Frampton denominou como regionalismo crítico. O livro é dedicado à arquitetura contemporânea de sete países: Argentina, Brasil, México, Colômbia, Chile, Uruguai e Venezuela.

O livro é composto por quatorze capítulos e no primeiro, intitulado "*Espírito da época* e *espírito do lugar*", como introdução e ponto de partida, Browne destaca que "a arquitetura contemporânea latino-americana evoluiu dentro de uma tensão permanente entre o espírito da época e o espírito do lugar".

O segundo capítulo, intitulado "Períodos e linhas arquitetônicas", explica as raízes da arquitetura moderna latino-americana, com seus arquitetos protagonistas e com a configuração de duas linhas que desenvolverá como tese ao longo do livro: a que ele denomina arquitetura do desenvolvimento, representada por autores como Oscar Niemeyer, Félix Candela, Carlos Raúl Villanueva e Emilio Duhart; e a arquitetura que responde à crise do desenvolvimento e aos alertas que surgiram nos anos 1970, como o relatório do Clube de Roma (1971) e o livro de Schumacher, *Lo pequeño es hermoso* (1973).

O terceiro capítulo é dedicado ao "Movimento moderno transformado em estilo internacional" e, o quarto, "Estilo internacional: obras desde o primeiro período até hoje", aborda a obra dos pioneiros, como Gregori Warchavchik, José Villagrán García, Carlos Raúl Villanueva e outros.

Om outra direção, o quinto capítulo rastreia a "Linha vernácula" e a incorporação, por Le Corbusier, das qualidades da arquitetura vernácula durante suas viagens pela América Latina. Em uníssono com o texto fundamental de Bernard Rudofsky, *Arquitectura sin arquitectos* (1964), avalia as obras de Claudio Caveri, Eduardo Ellis e Eduardo Sacriste: esta arquitetura vernácula e localista, segundo Browne, é limitada por seu caráter semi-artesanal e pela pouca capacidade de produção seriada e de impacto social.

O capítulos seis, sete, oito e nove analisam todas as características e exemplos da arquitetura do desenvolvimento, definindo suas características e exemplificando com as obras dos mestres europeus exilados na América, como Antoni Bonet Castellana, Max Cetto e Hannes Meyer. Esse tipo de arquitetura era representado localmente por Niemeyer, Costa, os irmãos Roberto, Amancio Williams, Clorinda Testa, Carlos Raúl Villanueva, Félix Candela e outros.

O capítulo dez dedica-se, de forma muito breve, às "Obras mistas", como a de Miguel Ángel Roca, em Córdoba, e as de Teodoro González de León e Abraham Zabludovsky, no México.

Do capítulo onze até o treze, dedica-se à "Outra arquitetura" latino-americana, que conta com três representantes heróicos fundamentais: Eladio Dieste, Luis Barragán e Rogelio Salmona, com alguns acréscimos, caso da experiência da Escola de Arquitetura de Valparaíso.

No início do livro, Browne defende um "Esquema da evolução da arquitetura contemporânea na América Latina", que se organiza segundo a tensão entre o "espírito da época" e o "espírito do lugar", esquema que permite entender a arquitetura neovernácula presente no primeiro período, das sociedades tradicionais até o surgimento do estilo internacional, e a arquitetura do desenvolvimento dominante no segundo período, cujo auge ocorre nas décadas de desenvolvimento (de 1945 a 1975). A "outra arquitetura", que era marginal nesse período, entra em seu auge a partir de 1975, na medida em que a arquitetura do desenvolvimento vai se debilitando.

O livro é uma grande contribuição interpretativa, mas também possui seus limites. Ele confirma a tese de que arquitetos como Barragán e Salmona se desenvolveram na arquitetura moderna e chegaram a superá-la; a dialética a que recorre, entre desenvolvimento e localismo, é sugestiva. No entanto, ao tratar da arquitetura neovernácula, mesclam-se e confundem-se as arquiteturas realmente neovernácula e a acadêmica, que é historicista e eclética. No fundo, é um pouco esquemático reduzir a complexidade da arquitetura de um continente à dialética entre duas posições antagônicas, excessivamente apartadas e sem vasos comunicantes.

13. Silvia Arango, *Historia de la arquitectura en Colombia*, Bogotá, 1989

O livro *Historia de la arquitectura en Colombia* é o resultado de um trabalho coletivo realizado entre 1982 e 1984, que culminou em uma exposição em 1985 promovida pelo Ministério de Relações Exteriores, com o objetivo de divulgar a arquitetura colombiana no exterior. Depois da exposição, de forma isolada, a arquiteta e historiadora Silvia Arango dedicou-se à redação desse texto, partindo dos exemplares selecionados para a exposição. O livro foi publicado em 1989 depois de um acordo incomum entre a Universidade de Los Andes, particular, patrocinadora da pesquisa, e a Universidade da Colômbia, pública.

O livro era totalmente necessário, uma vez que não existia uma história da arquitetura colombiana que englobasse desde as origens até a arquitetura atual.

O livro se estrutura em sete partes, sendo a primeira uma coletânea de trabalhos antropológicos e arqueológicos sobre a arquitetura pré-colombiana: indígena, do Paleoíndio, os cacicazgos, os taironas e os muiscas.

A segunda parte dedica-se à arquitetura colonial, seguindo períodos e tipologias, detendo-se na arquitetura militar de Cartagena.

O terceiro capítulo dedica-se ao século 19 e a monumentos como o Capitólio Nacional neoclássico, em Bogotá, de Thomas Reed.

O quarto capítulo é o mais detalhado e dedica-se ao ecletismo da "Arquitetura republicana (1880-1930)", apresentando monumentos, espaço urbano e moradia, com uma fase final de forte presença do estado.

O quinto capítulo detém-se no período ambíguo da "transição (1930-1945)", no qual predomina a sobrevivência dos estilos.

O sexto capítulo, "O movimento moderno (1945-1970)", registra a arquitetura racionalista colombiana e a publicação da revista *Proa*, começando com a Cidade Universitária de Bogotá, projetada por Leopoldo Rother, e terminando com as obras de Fernando Martínez Sanabria e Rogelio Salmona.

A última parte é dedicada à "arquitetura atual (1970-1985)", culminando o percurso com a arquitetura de tijolos presente nas obras de Rogelio Salmona e de outros autores, como Esguerra, Saéz e Samper e Juan Guillermo Gómez e Ramiro Henao.

Salvo algumas exceções, o livro em seu conjunto dedica-se muito mais a Bogotá do que ao resto do país. A devoção de Silvia Arango pelo tijolo sintoniza-se com a pretensão do final dos anos 1980 de identificar a arquitetura contemporânea colombiana com esta técnica, delimitação que facilitava a difusão internacional da cultura local e a promoção turística.

Historia de la arquitectura en Colombia contribui para a construção da imagem de um personagem singular e heróico, Rogelio Salmona. No entanto, e sem querer tirar mérito do grande valor da contribuição de Salmona, autor de obras primas como as Torres do Parque de Bogotá (1960-1964), tal interpretação implica no silenciamento de outras correntes, como o racionalismo tão qualificado contruído nos anos 1950 em várias cidades: Bogotá, com as obras de Guillermo Bermúdez; Cali, com as de Arango-Murtra, Lago-Sáez, Borrero-Zamorano-Giovanelli; Barranquilla, com as Ricardo Gonzalez Ripio e Obregón-Valenzuela; além das obras experimentais de Aníbal Moreno. Com o passar do tempo torna-se imprescindível atualizar uma interpretação que carece da riqueza e da intensidade das novas gerações de arquitetos, representadas nas obras de Maria Patricia Vélez, Giancarlo Mazzanti, Felipe Mesa e muitos outros.

14. Cristián Fernández Cox, *El orden complejo de la arquitectura. Teoría básica del proceso proyectual*, Santiago do Chile, 2005

O livro do arquiteto e teórico chileno Cristián Fernández Cox (1935) situa-se em um terreno explorado de forma insuficiente: o das relações entre teoria e projeto arquitetônico. Não é casual que, coincidindo no tempo com essa contribuição de Cristián Fernández Cox, já existam diversos livros latino-americanos que discutem esse terreno de novas e valiosas contribuições no campo da teoria sobre o processo projetual, como os de Roberto Fernández e César Naselli. A teoria básica do processo de projeto levada a cabo por Cristián Fernández Cox consiste em uma análise muito culta, clara e brilhante, que em sua abordagem sistemática e didática lembra o *Tractatus Lógico-Filosófico* de Ludwig Wittgenstein. O conceito de "habitabilidade" como a essência da arquitetura que todo arquiteto deveria perseguir prioritariamente é a premissa central. No livro há uma vontade evidente de reproposição conceitual: situa-se no mundo da necessidade e defende que o segredo está na inteligência do questionamento e na arte da solução.

O texto adota um tom muito coloquial, o que o torna mais pessoal, e tem ao mesmo tempo um forte lastro teórico. O objetivo de Cristián Fernández Cox é bastante ambicioso: parte da consciência do fim dos manuais pré-modernos e modernos em um contexto de liberdade crítica, diversidade e pluralismo, no qual é obrigado a voltar às raízes para criar uma nova teoria do processo projetual. No caso, voltar às raízes é algo semelhante ao esforço teórico anterior de outro chileno, Juan Borchers, e à relação com a cultura do lugar sugerida pelo caminho seguido por Rogelio Salmona.

O livro *El orden complejo de la arquitectura* articula-se a partir de cinco conceitos, ou "dimensões primárias", que se propõem como essenciais à arquitetura: forma, uso, significado, técnica e contexto. Certamente, seria possível argumentar certos desdobramentos desses conceitos. Por exemplo: a forma também poderia ser entendida como beleza e significado; o uso está vinculado à função; e o conceito da natureza, imprescindível, poderia, de certa forma, ser interpretado no esquema de Fernández Cox como um tipo de contexto geral. O sistema interpretativo e projetual proposto por Fernández Cox de forma tão eficaz parte da tríade vitruviana e baseia-se, na verdade, em 4+1 conceitos, uma vez que outorga um caráter abrangente ao conceito de "contexto" – este é um um supra-sistema ou sistema superior, pois se relaciona de forma mais intensa com os outros quatro. Do ponto de vista do autor do livro, a melhor arquitetura seria precisamente aquela que reequilibra esses cinco fatores.

No livro, são magistrais as análises críticas de obras emblemáticas, como a comparação entre o Museu Guggenheim, de Wright, e a Biblioteca da

França, de Dominique Perrault. Logicamente, por sua motivação humanista, Fernández Cox louva autores como Lewis Mumford e Jane Jacobs, e critica arquitetos como Peter Eisenman e Rem Koolhaas, que considera tão influentes como vinculados a posições desumanizadoras e cínicas.

Diante da complexidade do processo projetual contemporâneo, Fernández Cox propõe um pensamento fundador e um método sistêmico. A correta compreensão do problema é a base da arte da solução; o segredo, portanto, está em estabelecer um diagnóstico correto. Não se trata de dar receitas, mas de aprender a organizar o problema e a elaborar as perguntas. Para ele, a chave é discernir entre uma modernidade ilustrada e acadêmica e uma modernidade harmônica, organicista e humanista, distinguir a diferença entre o conceito geral de modernidade e a experiência concreta do racionalismo analítico mecanicista da Ilustração.

O livro de 17 capítulos se estrutura em três partes. A primeira apresenta conceitos e teoria do projeto. A segunda contempla a percepção e as óticas das épocas, destacando os significados da modernidade e da pós-modernidade. A terceira, a "Outra lógica", comenta os sistemas, a complexidade e a polivalência, ou seja, estabelece um modelo de ordem complexa. O livro traz como anexo um bairro projetado segundo o método dos sistemas, projeto sobre o qual Fernández Cox continuou trabalhando em anos posteriores à publicação do livro.

Os aportes conceituais de Fernández Cox ao longo de todo o livro são eficazes, como quando recorre, na segunda parte, ao conceito de "óticas das épocas", ou quando interpreta os conceitos básicos dos "mundos formais" e de "mecanismos criativos" como "estratégias formais", que sempre devem ser mensurados com os conceitos de habitabilidade e congruência.

Em extrato mais profundo, o livro faz crítica certeira ao cartesianismo vigente e propõe uma astuta reinterpretação das ideias de Robert Venturi, atualizando e refazendo seus conceitos básicos: de "contradição" se passa a "tensão"; "vitalidade confusa" torna-se "vitalidade complexa"; a "unidade transparente" a se superar é a "unidade racionalista". Ao invés da "aceitação da falta de lógica e a afirmação da dualidade" teríamos a "aceitação da necessidade de outra lógica e a afirmação da polivalência". Por fim, não estaríamos na "pós-modernidade", mas na "pós-ilustração".

Enfim, Fernández Cox reivindica um pensamento sistêmico que se baseia em interpretações a partir das relações entre subsistemas, sistemas e suprassistemas: um pensamento baseado em estruturas teóricas flexíveis.

Com conhecimento e habilidade semelhantes aos dos escritos de Claudio Caveri, Cristián Fernández Cox constrói um livro que sabe passar das grandes explicações do mundo (o pensamento grego, Descartes, Vico, Newton, a Ilustração) à análise detalhada e crítica das obras concretas. Constrói, seguramente, um pensamento arquitetônico original. Para construir esse pensamento de síntese simultaneamente racional e clássico – e também novo e vanguardista – Fernández Cox precisou ser, ao mesmo tempo, teórico e arquiteto, lastreado em uma cultura essencialmente humanista, sabendo chegar às raízes. Como boa parte da teoria arquitetônica na América Latina, que soube fazer o mesmo de maneira generosa, experimental e fundamental.

Para o desafio, o autor dispõe de sólida cultura humanista, que assume referências de tratadistas como o biólogo François Jacob e o sociólogo Alfred Weber. O livro deixa entrever certa influência das visões milenaristas e cíclicas do hegelianismo conservador, de grande importância para parte do pensamento latino-americano: Toynbee, Spengler e, nas últimas décadas, Fukuyama. A isto se contrapõe o hegelianismo progressista de Fernández Cox, que vê na busca de um mundo melhor a raiz da modernidade e que propõe, como síntese, uma modernidade harmônica ou transmodernidade.

O esforço de refundamentação presente no livro de Fernández Cox vai de encontro com a teorização feita por Marina Waisman desde os anos 1970 até os anos 1990: por sua base essencialmente racional e humanista, por sua vontade de construir uma nova teoria da arquitetura pensada a partir da América Latina sem renunciar a nenhuma contribuição da cultura universal, por sua capacidade de colocar em crise as visões convencionais do mundo para propor outras mais complexas. Como Claudio Caveri, Fernández Cox tem como premissa a crise da Ilustração europeia, um ciclo esgotado que a América Latina – que não a inventou e nem quase sequer a vivenciou – deveria repensar total e livremente.

Portanto, a contribuição de *El orden complejo de la arquitectura* é a chave que permite pensar a arquitetura no princípio do século 21, de modo a avançar em novas coordenadas que relacionem abertamente teoria e estratégia projetual. Trata-se de um ponto de partida, um novo sistema de estratégias para começar a pensar, debater e projetar, superando os erros e vícios que acompanham nossa confusa condição contemporânea.

15. César Naselli, *De ciudades, formas y paisajes*, Assunção, 1992

A partir do campo da teoria do conhecimento, o arquiteto e teórico César Naselli, de Córdoba, Argentina, dedicou-se a enfatizar duas escalas extremas: o desenho dos objetos e a interpretação da paisagem. Sobre o tema da paisagem, seu texto essencial é *De ciudades, formas y paisajes*, que se divide em três partes.

Em sua posição, Naselli foge da metafísica e das definições imutáveis, aproximando-se da fenomenologia e da epistemologia, insistindo que a paisagem é "variável, móvel, um produto cultural, isto é, individual, social e histórica, em permanente transformação".

A visão de Naselli é essencialmente holística e nela confluem diversas teorias do conhecimento e distintas interpretações, como a Teoria da Gestalt e as contribuições dos geógrafos, das interpretações formalistas de Kevin Lynch e Gordon Cullen até as interpretações políticas de Yves Lacoste.

O que Naselli defende é uma dialética e uma síntese: a paisagem como resultado de uma dialética entre imagem e realidade e a interpretação como uma combinação do real com o ideal e o subjetivo.

A primeira parte, "A natureza da paisagem", estuda a noção e a definição de paisagem, tratando das diversas interpretações. Citando George Steiner e Jean-François Lyotard, Naselli estabelece que há uma fisiologia da percepção e uma sociopolítica das interpretações. Trata-se de "uma busca que podemos chamar de fenomenológica e heurística". Naselli interpreta o ser humano inserido em "um entorno físico natural com o qual dialoga existencialmente, empenhando sua própria realidade psicofísica".

Nessa primeira parte se aborda também o aspecto histórico do território observado e o título de uma das seções, "Como víamos e como vemos", é uma homenagem ao seu mestre Enrico Tedeschi e ao seu livro *Uma introducción a la historia de la arquitectura*.

Essa primeira parte termina com exemplos de paisagismo contemporâneo de Michel Corajoud, Henry Ciriani e Borja Huidobro, afirmando que Roberto Burle Marx e Luis Barragán "propuseram um verdadeiro mundo novo na prática da construção de uma paisagem essencialmente latino-americana". Naselli conclui essa parte dizendo que Geia, "planeta vivente, defende-se vigorosamente. Criou-se uma cultura baseada em saberes holísticos que unem antigas sabedorias com as do presente, criando novas consciências, como a ecologia, o ambientalismo, a psicologia transcendental que estimula a criatividade de seus adeptos e, também, o paisagismo novamente revitalizado".

A segunda parte é dedicada à "estrutura da paisagem urbana" e inicia com a leitura da paisagem urbana a partir de duas imagens: a paisagem dos técnicos e a vivência do entorno existencial por parte do habitante. Naselli defende a ideia de urbanidade difundida por Luciana Mohito e a proposta de Planejamento Compreensivo para Córdoba, de Maria Elena Foglia.

O objetivo do livro é totalmente holístico: a busca de uma totalidade muito mais complexa, às vezes energética, temporal, vital e existencial. Superando o conceito de *genius loci*, de Christian Norberg-Schultz, o autor busca uma imagem holística que seja útil a todos os que intervêm na paisagem: compreensiva, plural, transdisciplinar e gestáltica. Naselli propõe a cidade pós-moderna inclusiva e complexa ambientalmente como superação da cidade moderna, exclusiva, funcionalista, organizadora da vida, dos bens e serviços em uma direção estrita.

Nessa parte, tenta-se sintetizar dois tipos de leitura da imagem antropogeográfica urbana: a lógico-analítica e a intuitivo-sintética. Temos como síntese análises tipológicas (de praças, edifícios e terrenos), sequências visuais e diagramas de sistemas em movimento.

A terceira e última parte, "A forma urbana de nossas cidades", deriva da palestra "Nosso espaço urbano: propostas morfológicas", apresentada por Naselli no V SAL (Seminários de Arquitetura Latino-Americana), ocorrido em Santiago do Chile em outubro de 1991.

Nesse texto, Naselli demonstra que, por trás de sua visão interpretativa e formal e de seu conhecimento das teorias do conhecimento e dos métodos de desenho, há sempre uma pulsão ética, uma atitude crítica e uma preocupação com o funcional. Segundo Naselli, "a ideia urbana é social e isto supõe uma complexidade de níveis, laços e atores". Para o autor, a cidade é o "lugar personalizado de uma comunidade em que as expressões de sua experiência e de sua memória são os traços fundamentais de sua identidade". É o espaço da história e da experiência vital.

Naselli adverte que a cidade contemporânea na América Latina não está sendo projetada para favorecer essas condições, mas para sua terceirização comercial, e vai se deformando e se perdendo. Frente a essa situação crítica da cidade, Naselli propõe "retecer a trama de relações humanas e sociais" e argumenta que "se entendermos que viver entre fragmentos, em um lugar que dissolve as próprias articulações estruturais, é viver no espaço da alienação, tomaremos consciência da gravidade ambiental que revela a leitura histórica urbana". E se "essa desunião, essa descoordenação propõe, por sua vez, um espaço justo para os seres humanos?", pergunta Naselli a si mesmo no final.

16. Roberto Fernández, *El laboratorio americano. Arquitectura, geocultura y regionalismo*, Madri, 1998

Da obra muito prolífica e influente de Roberto Fernández (1946), arquiteto e catedrático de história na Faculdade de Arquitetura de Mar Del Plata e de Buenos Aires, vamos resenhar, especialmente, dois livros: *El laboratorio americano* e *El proyecto final*.

O livro *El laboratorio americano* (1998) parte da tese sugestiva e abrangente de uma América como laboratório de experimentos inconclusos. *El laboratorio americano* defende teses inovadoras e conceitualmente muito ricas sobre a história e a realidade da América Latina, entendendo esta como um todo. Na interpretação de Roberto Fernández, de grande amplitude cultural, fundem-se as contribuições da antropologia, ecologia, história política, geografia, urbanismo e arquitetura em uma visão totalmente global e holística que se bifurcam em uma espécie de grande história da cultura, tal como anunciada por Jacob Burckhardt e desenvolvida por autores como Mario Praz, Joseph Ryckwert, Michel Foucault e George Steiner.

Segundo a interpretação de Roberto Fernández, a América tem sido o laboratório de diversos sistemas políticos e econômicos e das diversas propostas culturais e estéticas que, lançadas geralmente na Europa como sistemas e utopias, eram ali aplicadas e postas em prática. A América seria o laboratório onde, sem descanso, vão se misturando a modernidade ecumênica importada e a cultura pré-colombiana local, que sempre vai ressurgindo. Este longo e árduo processo de hibridização resultou nos problemas e crises da realidade contemporânea, mas também caracterizou a peculiar modernidade latino-americana.

Entre outras coisas, Roberto Fernández nos faz ver como a América, invenção e laboratório da Europa, foi conceituada como natureza a partir da matriz. Dentro das colisões modernas entre natureza e cultura, a América representa a sobrevivência de uma natureza que a Europa sacrificou pela revolução industrial; constituiu-se como o lugar da busca pela fortuna, albergue de exilados e território de exploração de utopias. É o lugar da excentricidade, do descentramento; é a periferia desejada. Mas também é o lugar do esquecimento e das descontinuidades, um laboratório americano no qual as grandes conquistas sociais, urbanas e estéticas dificilmente teriam continuidade. O texto de Roberto Fernández nos faz entender o destino da América Latina como perpétuo laboratório. Exemplificando, podemos interpretar a capacidade inicial das cidades criadas pelas culturas maias em se situarem no território para, mais tarde, serem absorvidas pela selva; ou a existência de ilhas platônicas em Caracas, como o conjunto Simón Bolívar, de Cipriano Domínguez, ou a Universidade Central de Venezuela, de Carlos Raúl Villanueva, que, posteriormente, foram fagocitadas pelo caos urbano de autopistas, torres de escritórios e grupos autoconstruídos. Isto é, palimpsestos de sabedoria que acabam por ser restos sem continuidade.

O livro de Roberto Fernández divide-se em duas partes que se desenvolvem cronologicamente em duas escalas distintas – a político-social, e a arquitetônica e urbana. O discurso diacrônico é aproveitado para se fazer a mudança de enfoque e de conceitos.

A primeira parte, "O laboratório americano", apresenta uma visão fascinante a partir do ponto de vista da conquista e da colonização: o capítulo "A construção da América", que parte do livro de Edmundo O'Gorman; o capítulo "O olhar de Humboldt", com o ponto de vista dos ecossistemas originais americanos; o capítulo "Estéticas americanas", com as diferentes posições que a arquitetura adota em relação ao lugar, à tradição, à identidade, à tecnologia, à antropologia e à cultura, passando pelo estudo das culturas híbridas.

Fernández reitera que a hipótese de O'Gorman para a invenção da América interpreta o descobrimento da América como uma invenção necessária para a cultura europeia, como experiência básica para o pensamento humanista do Renascimento e como terra que se tenta conformar à imagem e semelhança de seu inventor. Ao mesmo tempo, essa nova Europa que se entende pela América, essa terra do porvir e da liberdade, forçou a cultura europeia a modernizar-se radicalmente, a transformar seus esquemas mentais, a adaptar as novas circunstâncias ao modelo existente de pensamento.

A segunda parte se intitula "História e geocultura na cidade e arquitetura da América Latina" e se inicia com capítulos dedicados à "anti-urbanidade, anti-espacialidade e simbolismo das culturas pré-colombianas", "os elementos da projetualidade colonial" e o modelo urbano da Lei das Índias, bem como "a cidade latino-americana como resultado dos processos históricos". O livro desenvolve-se mais nesse capítulo XIV, baseando-se em uma história detalhada das cidades latino-americanas, seguindo, ao pé da letra, as cinco grandes etapas das cidades após a fundação, que José Luís Romero estabelece em seu livro *Latinoamérica: las ciudades y las ideas* (1976): a cidade fidalga e barroca das Índias no século 17; as cidades *criollas* do século 18; as cidades patrícias de 1810 a 1880; a burguesa do período de 1880-1930; e a cidade massificada, posterior à crise de 1930 e até 1970; isto é, o crescimento das grandes cidades em detrimento da população rural.

No capítulo anterior, o XIII, onde detalha as cidades de fundação, Fernández estabelece que "as formulações urbanísticas de origem camponesa e a condição comunitária que observam em algumas formas latino-americanas de assentamento marginal (vizinhanças mexicanas, bairros e povoados jovens peruanos, favelas chilenas, favelas brasileiras, favelas uruguaias, vilas-miséria argentinas, cortiços venezuelanos...) reúnem a tradição de integração marginal dos assentamentos aborígenes primitivos na cidade colonial com a instalação agrupada das massas operárias, mas, por sua vez, com a evidente demarcação e segregação típicas de suas características urbanas".

O restante do livro tematiza em capítulos "A tecnologia como discurso regionalista", "Cultura e antropologia na discussão regionalista", "Modelos de produção do arquitetônico-urbano" e "Estéticas americanas".

Assim como ocorre em outros textos de Roberto Fernández, em algumas partes as referências são excessivas e fogem do âmbito específico do estudo, neste caso, a América Latina. Sua tese de laboratório incansável é brilhante e eficaz, mas contempla muitas exceções de excelência em políticas urbanas e sociais que já possuem décadas de continuidade.

Quarenta anos depois da obra central *La invención de América* (1958), do linguista e historiador Edmundo O'Gorman, o livro de Roberto Fernández constitui um novo marco nas interpretações globais sobre a América. A obra de O'Gorman parte da cultura mexicana dos anos 1950, enquanto a de Fernández parte da cultura argentina do final do século 20. É seguro dizer que a invenção (O'Gorman) e o laboratório (Fernández) são dois conceitos-chave para se entender as extremamentes complexas história e realidade da América Latina.

O livro começa com a ideia de invenção de O'Gorman e termina no capítulo XIX, "Code: o laboratório", com a citação de *La guerra de las imágines. De Cristóbal Colón a Blade Runner* (1994), livro de Serge Gruzinski. Antes, no capítulo VIII, dedicado às "Culturas híbridas", Fernández havia insistido nesse valor das imagens e dos imaginários na América Latina, escrevendo sobre o "hiperconsumo de 'realidade virtual' que explica a crescente decadência da qualidade dos espaços públicos e das formas de tempo livre urbano baseadas na utilização dos espaços sociais da cidade".

Por fim, *El laboratorio americano* já é uma obra de consulta e referência obrigatórias para qualquer reflexão contemporânea sobre a América.

17. Roberto Fernández, *El proyecto final. Notas sobre las lógicas proyectuales de la arquitectura al final de la modernidad*, Montevidéu, 1999

Para além de seus trabalhos em campo sobre gestão ambiental e sustentabilidade e de sua interpretação da história da arquitetura argentina no livro

La ilusión proyectual (1996), a ampla contribuição teórica de Roberto Fernández tem dois de seus pilares essenciais nos dois livros aqui analisados: *El laboratorio americano* e *El proyecto final*.

Para poder interpretar a produção arquitetônica das últimas décadas, em *El proyecto final* Roberto Fernández propõe uma cartografia de oito lógicas projetuais, um esquema conceitual justificado a partir de textos, especialmente os de Frederic Jameson, Ezio Manzini e M. Chiaponni, que tematizam a condição pós-moderna das ideias e dos objetos.

A vontade de encontrar um conceito de síntese que abrangesse as diversas maneiras de abordar o projeto arquitetônico já havia sido discutida nos anos 1980 por Royston Landau em suas aulas no Programa de Pós-Graduação de Teoria e História, na Architectural Association School of Architecture, em Londres, entre 1984 e 1991. Roy Landay utilizava o conceito de "posição arquitetônica", que seria o cerne profundo que identifica cada autor, situando-o em relação às questões culturais essenciais da arquitetura – mecanismos formais, relação com o lugar, princípios tecnológicos e econômicos, valores éticos e políticos –, interpretadas a partir do que poderíamos chamar de "acervo mental" ou a cultura de cada arquiteto, isto é, as ideias e manifestações básicas, princípios invioláveis que cada autor mantém sem questionar ou revisar. Posição arquitetônica, segundo Landau, seria um conceito proveniente da filosofia da ciência praticada por Karl Popper e Imre Lakatos, do pensamento pós-estruturalista de Michel Foucault e da história das mentalidades, definida pela escola francesa dos *Annales*.

O conceito de Roberto Fernández refere-se à lógica criativa como um sistema de conceitos experimentais que organizam certos resultados projetuais, maneiras de projetar relacionadas a maneiras de pensar ou interpretar o mundo. Fernández apresenta como hipótese oito conceitos ou lógicas: as tipologias, o estruturalismo, a tecnologia, o contextualismo, a comunicação, a forma, a desconstrução e a fenomenologia. Em sua tentativa taxonômica, ao utilizar o conceito de "lógica", Fernández outorga ao problema da criação arquitetônica uma sobrecarga de racionalidade que pode parecer excessiva em uma época de crise do racionalismo e das metodologias.

A lógica de Roberto Fernández se materializa em um método culturalista e crítico, baseado em uma cultura de tipo relacional que ele mesmo havia aprendido de autores que admirava, como Mario Praz e George Steiner. De Mario Praz, Fernández reconhece sua erudição infinita e sua técnica relacional, segundo a qual, entre todas as obras de literatura, arte, arquitetura e moda, especialmente as que são contemporâneas entre si, é possível estabelecer correspondências. Da metodologia crítica da literatura comparada de Steiner, Fernández quer apreender sua cosmovisão, sua capacidade para entrar na análise hermenêutica da complexidade de cada obra de arte.

Entrando em detalhes em cada uma das lógicas projetuais, elas são desenvolvidas por Fernández de forma extremamente sistemática, sintética e precisa, com uma rigorosa seleção de exemplos arquitetônicos e com um rico elenco de referências ao pensamento contemporâneo que legitimaria cada uma dessas lógicas. Os arquitetos citados tendem a ser interpretados de maneira monolítica e esquemática, muito resumida, sendo explicados dentro de uma posição definida. Cada autor, em poucos parágrafos, é caracterizado da forma mais resumida e precisa possível.

Embora o desenvolvimento de cada lógica seja coerente – a justificativa de lógicas como a tipológica ou a tecnológica é impecável e indiscutível – é possível cogitar objeções dentro de cada uma delas. É no desenvolvimento da lógica estruturalista que surgem mais dúvidas: por exemplo, que as interpretações pós-estruturalistas e descontínuas de Michel Foucault possam chegar a se relacionar com o rigor e a busca de unidade do minimalismo, quando o pensamento de Foucault e o minimalismo pouco têm a ver entre si. Mesmo assim, seria simplista entender o minimalismo apenas como uma derivação da lógica estruturalista, pois são evidentes suas raízes anteriores, tanto em autores essencialistas diversos entre si (Mies Van der Rohe, Malévich, Rietveld etc.), como em correntes e interpretações como a abstração das vanguardas ou a teoria da Gestalt.

Na própria lógica de Roberto Fernández residem suas numerosas qualidades e seus limites. Uma autêntica cosmovisão – sugestiva e enriquecedora, erudita e crítica –, na qual toda a produção teórica e artística pode se avaliada e relacionada, inclusive capaz de integrar também as teorias mais contrapostas e díspares.

18. Jorge Francisco Liernur, *Trazas de futuro. Episodios de la cultura arquitectónica de la modernidad en América Latina*, Santa Fé, 2008

É muito difícil escolher um texto dentre uma produção tão prolífica e influente como a de Jorge Francisco Liernur (1946), cuja figura é um reflexo bastante direto de Manfredo Tafuri, inclusive pelo fato de que, da mesma forma que Tafuri reservou a si a exclusividade para tratar da arquitetura italiana contemporânea, Liernur o fez com a arquitetura argentina contemporânea.

Por conectar-se melhor aos objetivos e conceitos deste livro que prioriza o olhar sobre a América Latina, elegeu-se *Trazas de futuro*, que reúne quatorze ensaios publicados de forma dispersa, tratando sempre das relações, dentro da evolução da modernidade, entre as culturas internacionais da Europa e América do Norte e a experiência latino-americana.

Em referência explícita, o primeiro capítulo intitula-se "Para uma crítica a partir da América Latina: repensando algumas ideias de Manfredo Tafuri", um ensaio no qual deixa claro que um projeto crítico não é possível se não partir das interpretações e do "espaço histórico" de Tafuri, "tão plenamente vigentes quanto vagamente compreendidas". Liernur invoca também a figura de Jürgen Habermas e sua sensibilidade desde a filosofia para as "situações da vida", reconhecendo sua capacidade em interpretar como "as diferentes esferas da atividade humana se unem em uma experiência real da existência, na vida cotidiana". No texto, Liernur argumenta que o objetivo da arquitetura é "contribuir para solucionar os gigantescos problemas que limitam o pleno desfrute da vida pela maior parte dos seres humanos".

No capítulo dois, "Para uma cultura *excorporada*", Liernur aborda em um ensaio singular a questão da feiura, das formas não identificadas e questiona: "mas, as favelas do Rio e as vilas-miséria de Rosario, as ruínas dos povoados ao redor de Caracas, as esquálidas moradias geminadas de Buenos Aires, as intermináveis periferias desordenadas da cidade do México, os lixões abertos e infinitos, o *smog* de Santiago, o odor putrefato dos cortiços de Lima, as cloacas transbordantes, os bairros nunca terminados, publicidade banal e indecifrável, toda essa imensa paisagem de nossas cidades, em sua absoluta carência de forma e de limites, são uma versão de fim de século daquele sublime universo das tempestades, dos monstros, das tumbas e dos vulcões que celebravam os românticos?"

O terceiro capítulo, um dos mais longos, dedica-se a "Um novo mundo para o espírito novo: os descobrimentos da América Latina pela cultura arquitetônica do século XX" e trata das intervenções de arquitetos, engenheiros e urbanistas em cidades latino-americanas: as viagens de Le Corbusier, Wright, Gropius, Sert, Neutra etc. Os projetos urbanos de Agache, Forestier, Rotival e Karl Brunner, e as aulas e conferências de Tedeschi, Rogers, Piccinato e Nervi, entre muitos outros.

O caso da experiência mexicana de Hannes Meyer é motivo monográfico de outro ensaio, o nono, intitulado "A síntese dialética: regionalismo, indigenismo e classicismo no pensamento moderno de Hannes Meyer", no qual se questiona as razões da dificuldade de Meyer em se situar no meio arquitetônico mexicano e sua passagem paulatina para a pintura e para o trabalho com artesãos autênticos e com a cultura popular.

O quarto ensaio é dedicado à incorporação na América Latina da tecnologia proveniente da modernidade, constatando, por fim, o predomínio de certo "desprestígio do pragmatismo e industrialismo modernos". Liernur ressalta que, para se legitimar o descarte do poder da objetividade tecnológica norte-americana, "eram decisivos os apoios ou alternativas que se acreditava possível encontrar na velha Europa".

O quinto ensaio é dedicado à "*Mitteleuropa* e América Latina: sinais do futuro", escrito como prólogo para apresentar dois textos essenciais de Francesco Dal Co – *Abitare nel moderno* e *Teoria del moderno*. Liernur identifica-se totalmente com esse outro discípulo de Tafuri, com seu hábito de escrever ensaios assistemáticos e fragmentários, nos quais evita chegar a conclusões, e com sua convicção de que é necessário "interrogar o passado não como um amigo, para validar operações do presente, mas para problematizá-lo".

O sexto ensaio dedica-se à leitura de diversos "estilos" da arquitetura da América Latina durante o domínio colonial. O sétimo, ao Rio de Janeiro e a Buenos Aires no período entre 1880 e 1930. O oitavo constitui sua famosa conferência e seu texto sobre o "milagre" brasileiro, visto a partir dos Estados Unidos no período de 1939 a 1943.

O nono, já citado, dedica-se de forma monográfica a Hannes Meyer, no México, e o décimo aprofunda a "Abstração, arquitetura e os debates acerca da 'síntese das artes' no Rio da Prata (1936-1956)", tratando de artistas como Joaquín Torres García e seu projeto de conciliar abstração e experiência humana, Tomás Maldonado e o grupo abstrato Madi, Lucio Fontana e o Manifesto Blanco, incluindo o exílio de Jorge Oteiza em Buenos Aires. A figura do arquiteto uruguaio Eladio Dieste, com seu projeto de aliança vitalista entre a técnica artesanal do tijolo e o humanismo católico, presta-se à conclusão do ensaio.

O décimo primeiro capítulo é dedicado à recepção de Mies Van der Rohe na América Latina, de como se interpretou seu projeto platônico e universalista que responde à dissolução da forma impulsionada pela lógica fugaz e repetitiva do capitalismo. Depois de seguir as obras dos argentinos Amancio Williams e Mario Roberto Álvarez, bem como as dos brasileiros Oscar Niemeyer e Lina Bo Bardi, Liernur termina com elogios ao minimalismo de Paulo Mendes da Rocha, por seus valores estéticos, por sua capacidade de situar a arquitetura no contexto metropolitano e de interpretar as diversas tipologias de uma maneira essencialista, sem renunciar à necessária caracterização de cada obra e tipo.

Os três últimos capítulos são dedicados ao Banco de Londres e América do Sul, às "Construções industriais e arquitetura de fim de século: entre o invólucro e o mito". O último dedica-se a cinco figuras: o estúdio argentino MSGSSS, o colombiano Rogelio Salmona, o venezuelano James Walter (Jimmy) Alcolck, o argentino Rafael Iglesia e o chileno Smiljan Radic.

Em todos esses ensaios, nos quais discorre sobre a influência de mestres como Le Corbusier, Mies, ou Meyer, dos Estados Unidos e da Europa, consegue um preciso equilíbrio entre o reconhecimento dessas referências internacionais e o afloramento da complexidade nas sociedades e nas correntes artísticas e arquitetônicas específicas da América Latina.

Liernur estrutura seus ensaios de maneira sedutora, com muitos dados, citações e referências, chegando de forma vertiginosa a determinadas con-

1. PÉREZ OYARZÚN, Fernando (org.). *Le Corbusier y Sudamérica. Viajes y proyectos*. Santiago do Chile, Ediciones Arq de la Escuela de Arquitectura, Pontificia Universidad Católica de Chile, 1991; GUERRA, Abilio (org.). *Textos fundamentais sobre história da arquitetura moderna brasileira*. Parte 1. Romano Guerra, São Paulo, 2010.

---

clusões. O grande paradoxo de todo o trabalho de Liernur é que Tafuri não dedicou nenhuma linha à América Latina e Dal Co dedicou escassas. Os textos de Liernur, inspirados em Marx, Foucault, Tafuri e Mike Davis, terminam, alternadamente, em conclusões literárias milenaristas e apocalípticas, ou em apostas sociais e humanistas voluntaristas.

19. Carlos Eduardo Comas, "Protótipo e monumento, um ministério, o Ministério", *Projeto* n. 102, São Paulo, 1987

Os ensaios do arquiteto e professor Carlos Eduardo Dias Comas (1943) baseiam-se no formalismo analítico, seguindo a tradição de Colin Rowe. Por esse método, os edifícios são decompostos, analisados e comparados de forma lúcida, revelando-se sempre a presença do sistema *Beaux-Arts* nas formas da arquitetura moderna. Seu ensaio mais magistral é dedicado ao edifício do Ministério da Educação e Saúde, no Rio de Janeiro, e intitula-se "Protótipo e monumento, um ministério, o Ministério".

Esse ensaio de Comas foi originalmente publicado na revista Projeto n. 102 (1987) e republicado em diversas coletâneas, como as organizadas por Fernando Pérez Oyarzún, *Le Corbusier y Sudamérica*, e Abilio Guerra, *Textos fundamentais sobre a história da arquitetura moderna brasileira*.[1]

Comas, através da análise da sequência de projetos iniciados por Le Corbusier em 1939 e realizados de forma definitiva pela equipe carioca composta por Lúcio Costa, Oscar Niemeyer, Affonso Eduardo Reidy, Jorge Moreira, Carlos Leão e Ernani Vasconcellos, demonstra que a obra final não poderia ter sido realizada dentro dos esquemas arquitetônicos de Le Corbusier, portanto se trata de uma obra totalmente original em todos os seus aspectos.

Os projetos de Le Corbusier de 1939 situavam-se em um terreno diferente do que foi utilizado no final. Em suas propostas, Le Corbusier planejava um edifício frontal baixo, contraposto axialmente por um corpo secundário destinado a escadarias e instalações, aos moldes da residência para os estudantes suíços na Cidade Universitária de Paris ou da Ville Garches e da Maison La Roche.

Diferentemente, o edifício definitivo era um bloco monolítico muito mais alto, com *brise-soleils* brasileiros e um corpo baixo encimado por um jardim de morfologias orgânicas projetado por Roberto Burle Marx. Este tipo de articulação não estava no projeto "corbusiano". Da mesma forma, os giros, quebras e tangentes, que geram os acessos, pórticos e vestíbulos do Ministério e potencializam suas soluções, nunca se deram nas obras de Le Corbusier. O arquiteto europeu, totalmente contrário ao academicismo, também nunca havia feito, como fizeram os cariocas, um átrio aberto com pé-direito duplo e colunas cilíndricas – que rememorava o átrio do Panteão de Roma, o espaço áulico da arquitetura clássica –, que conduzia axialmente a um jardim aberto e, virando-se à esquerda, levava ao vestíbulo expressionista.

Comas demonstra o caráter diferente entre a arquitetura de Le Corbusier e a dos brasileiros. Seguindo os conceitos de Heinrich Wolfflin, poderíamos dizer que os projetos de Le Corbusier naquela época eram frontais, com elementos claramente delimitados, estrutura linear, volumes perfeitamente delimitados e caráter renascentista. O Ministério da Educação e Saúde baseia-se na articulação e no giro, em percursos que se tornaram memoráveis. Sua fachada possui um brise-soleil vibrante, com abundante decoração em cerâmica e referências às tipologias clássicas com expressividade visual barroca.

Para desenvolver sua impecável argumentação monográfica sobre o edifício, Comas estrutura diferentes raciocínios. Primeiro, estabelece um passeio arquitetônico cinemático pelo edifício, destacando suas qualidades perceptivas, sensoriais e visuais. Depois, define o protótipo e o monumento, passando a detalhar as estratégias de memorabilidade e os conteúdos de representação que convertem o ministério em um monumento original e irrepetível, que supera e se destaca do protótipo do bloco corbusiano.

20. Ruth Verde Zein / Maria Alice Junqueira Bastos, *Brasil: arquiteturas após 1950*, São Paulo, 2010

As arquitetas e críticas brasileiras Ruth Verde Zein (1955) e Maria Alice Junqueira Bastos (1959) somaram esforços para escrever um texto sumamente importante e necessário. *Brasil: arquiteturas após 1950* é um marco importante porque, pela sua qualidade, situa-se na tradição das interpretações críticas da arquitetura brasileira contemporânea. Trata-se de um texto necessário por oferecer uma nova visão, vital para uma releitura da história contemporânea da arquitetura brasileira, aprisionada pelos preconceitos, tópicos e esquemas que enfatizavam uma pretensa época dourada insuperável. Bastos e Zein conhecem bem o que escreveu Alois Rieg, há mais de um século, na sua obra *El arte industrial tardorromano* (1901): na história da arte e da arquitetura não há períodos de apogeu e decadência, mas, sim, a expressão dos sentidos da história de cada período – vontade coletiva de forma, continuidade e evolução dialética. Portanto, foi pouco frutífero que a historiografia, tanto interna como externa ao Brasil, tenha estabelecido um "estado de graça" insuperável que atua como um fardo.

Para isso, era vital ir muito além dos relatos clássicos de heróis e da metafórica orgânica, alcançando uma interpretação culta, complexa e dialética. O livro de Ruth e Maria Alice supera a tradição restritiva dos livros de Philip Goodwin, Enrique E. Mindlin e Yves Bruand, que carecia, há muito, de uma revisão.

Não é casual que tal contribuição chave tenha sido feita por duas mulheres, ambas críticas de arquitetura, que somaram suas visões especialmente críticas e abertas. Neste sentido, Ruth e Maria Alice continuam a tradição de um país no qual as mulheres arquitetas tiveram um papel crucial, apesar de terem sido pouco reconhecidas. Duas das protagonistas do livro são Lina Bo Bardi, a primeira arquiteta – que, como Alison Smithson, exerceu com rigor a crítica de arquitetura em meados do século 20 – e Rosa Klias, grande paisagista brasileira.

O trabalho de Bastos e Zein pôde se basear nas excelentes pesquisas específicas de autores brasileiros, caso do trabalho de Alberto Xavier e sua imprescindível coletânea *Arquitetura moderna brasileira: depoimento de uma geração* (1987), de todo o esforço de pesquisa de Carlos Eduardo Comas, maior especialista na análise formal da arquitetura moderna brasileira, e de todas as publicações sobre a história da paisagem, arquitetura brasileira e latino-americana de Hugo Segawa. Além das contribuições de outros investigadores já consagrados, como Paulo Bruna, Cêça de Guimarães, Mônica Junqueira de Camargo, Sergio Marques, Carlos Alberto Ferreira Martins, Rogério de Castro Oliveira, Roberto Segre, bem como dos promissores jovens pesquisadores Cláudia Cabral, Marta Peixoto, Lais Bronstein, Andrés Passaro e muitos mais. Também, os ensaios certeiros e didáticos de críticos como Edson Mahfuz e Paola Berenstein Jacques. A lista seria interminável, sem esquecer arquitetos que promoveram um trabalho editorial crucial, como Abilio Guerra e Marcelo Ferraz. Além disso, toda a contribuição teórica e prática de urbanistas de uma atividade tão transcendental como Jorge Wilheim, Jaime Lerner, Luis Paulo Conde, Sérgio Magalhães, Verena Andreatta e Raquel Rolnik. Tudo isso permitiu tornar esta construção mais ampla e complexa. Neste sentido, ao longo do livro, Ruth e Maria Alice prestam homenagem explícita às contribuições teóricas de autores como Sérgio Ferro, Geraldo Ferraz, Marcos de Vasconcelos e Mario Pedrosa.

O interesse da construção historiográfica de Ruth e Maria Alice consiste em – longe da mitologia carioca da arquitetura de Niemeyer e Costa, sem minimizá-los ou tirar-lhes o mérito – construir uma interpretação abrangente, começando na dialética Rio de Janeiro-São Paulo. Ao reconhecer o extremo valor plástico e estrutural da obra de Niemeyer e a contribuição teórica e cultural de Costa, bem como as obras especialmente vinculadas ao lugar, como o conjunto residencial no Parque Guinle no Rio de Janeiro, essa ampla visão possibilitará um novo tipo de discurso crítico e dialético, apartado da hagiografia. Essa contribuição se beneficia da pesquisa de doutorado de Ruth Verde Zein sobre o brutalismo paulista, finalizada em 2005. Dessa forma, a Escola Paulista articula-se no livro como dialética da Escola Carioca, superando-a, criticando-a e homenageando-a, como quando incorpora a curva – em volumes e coberturas – às suas caixas prismáticas iniciais. Ao se abrir tal dialética, abre-se o campo a todo o território brasileiro, com capítulos dedicados à arquitetura de Estados como Minas Gerais e Rio Grande do Sul.

Como se demonstra nesta história, o esquema tradicional de um período heroico que culminaria em Brasília – em que os dois heróis, Niemeyer e Costa, se irmanam em suas realizações – serve para explicar muito pouco. Segundo essa interpretação restrita, onde situaríamos as vitais contribuições paulistas de João Vilanova Artigas, Lina Bo Bardi e Paulo Mendes da Rocha? Incorporaríamos, então, as experiências tão frutíferas, tecnológicas e sociais de João Filgueiras Lima "Lelé" em todo Brasil e, especialmente, em Salvador na Bahia, apenas como epígonos de Niemeyer? E toda a contribuição no campo da experimentação urbana, fornecida por cidades como Curitiba, Rio de Janeiro e Porto Alegre, tão distantes do modelo de Brasília?

Portanto, a incorporação inicial do contraponto de toda a escola paulista serve para construir uma história que se segue à eclosão da arquitetura moderna no Brasil, muito mais plural e coletiva do que a história típica de individualidades que tenderam a construir os historiadores da arquitetura moderna, como Nikolaus Pevsner. Assim, incorpora-se a obra crucial, magnífica e singular das residências de Carlos Millan dos princípios dos anos 1960, junto à geração de Oswaldo Arthur Bratke, Fábio Penteado, João Walter Toscano, Ruy Ohtake e Joaquim Guedes. Embora, possivelmente, David Libeskind tivesse merecido mais atenção: suas casas e o edifício Conjunto Nacional, em São Paulo, são esplêndidos.

A arquitetura do brutalismo – tomando emprestado o termo de Alison e Peter Smithson –, analisada a fundo nas suas características, serve para incorporar a esta história recente contribuições especialmente sensíveis pelo uso de tecnologias, como o edifício de aulas B-1 da escola de Engenharia da Universidade de São Paulo, em São Carlos, ou toda a obra de Lelé, outro protagonista que parte da arquitetura das grandes estruturas de Brasília, em especial a universidade, desenvolvida nos seus sistemas pré-fabricados para infraestruturas e hospitais da Rede Sarah, produzidos em Salvador, Bahia. Nada tem a ver com um ciclo de decadência. Neste sentido, o livro de Bastos e Zein vinculam-se em torno de uma das características básicas da arquitetura e do urbanismo no Brasil: a continuidade e revisão do projeto original à construção industrializada.

Para tudo isso, uma grande contribuição inicial é não considerar Brasília como o final, mas como o início de uma nova etapa de experimentos e de influência da arquitetura modular, com suas edificações de grandes vãos. Este foi o tema da publicação anterior de Maria Alice Junqueira Bastos, o livro *Pós-Brasília. Rumos da arquitetura brasileira* (2003). Uma experiência urbana quc, ademais, situa-se no eixo da evolução de um mecanismo tão crucial, como são as "unidades de vizinhança".

Ao longo do livro, as autoras enfrentam também uma das questões centrais da arquitetura brasileira, tanto no Rio como em São Paulo: a tendência moderna de criar objetos isolados, insistindo, anacronicamente, em considerar cada obra como autônoma da sua dimensão urbana, paradoxalmente, em cidades brasileiras que vão se se tornando cada vez mais metropolitanas.

É por isso que o livro dedica espaço a episódios urbanos tão representativos como o de Curitiba, valorizando uma aposta no transporte público coletivo feita nos anos 1970, momento em que a maioria das cidades brasileiras dedicava-se a realizar grandes obras e construir viadutos para favorecer o tráfego privado. O modelo curitibano contemplava também a boa conservação do centro histórico e a criação de novos parques públicos. Evidencia-se aí como, no terreno do planejamento urbano, a influência europeia do Team X, que eclodiu no brutalismo paulista, também se expressa no recurso às propostas de estrutura urbana de Alison e Peter Smithson e nas realizações de Candilis, Josic e Woods.

Para desenvolver uma evolução tão complexa, o livro está estruturado em quatro grandes partes em uma cronologia de décadas quebradas (1955-1965, 1965-1975, 1975-1985 e 1985-1995), com uma introdução que envolve o período entre 1945-1955 e um epílogo que deixa fios soltos sobre uma atualidade que se caracteriza com brevidade.

Se a primeira parte serve para introduzir a fundo o contraponto da arquitetura paulista, na segunda parte – ao repassar as influências de Brasília, a eclosão da experimentação vernácula e a questão do planejamento urbano – as autoras podem ater-

-se aos melhores exemplos de habitação social do final dos anos 1960, propostos excepcionalmente por arquitetos como João Vilanova Artigas, Fábio Penteado e Paulo Mendes da Rocha, apesar de terem tido pouca continuidade.

A terceira parte discute as influências do pensamento pós-moderno e contextualista no Brasil, enfatiza o valor uma obra crucial como o Sesc Pompeia de Lina Bo Bardi, em São Paulo, e apresenta novas linhas de desenvolvimento, como o compromisso com a realidade artesanal preconizado inicialmente por Sérgio Ferro, Rodrigo Lefèvre, Flávio Império, Severiano Porto e Marcos Acayaba, desenvolvidas com qualidade e versatilidade por autores como Joan Villà, Éolo Maia, Sylvio de Podestá e Maria Josefina de Vasconcellos. Neste sentido, importante contribuição do livro é ter tornado mais visível a valiosa obra experimental do arquiteto de origem catalã Joan Villà, especialmente sua residência de estudantes em Campinas (1989-1991).

A terceira e a quarta partes permitem seguir linhas de evolução divergentes, desde o predomínio das grandes arquiteturas comerciais, como as obras de Aflalo e Gasperini a partir de meados dos anos 1980, até as políticas de participação e autoconstrução. As intervenções de Lina Bo Bardi no patrimônio de Salvador e na antiga Fábrica de Tambores de São Paulo, convertida no Sesc Pompeia, criarão uma nova tradição de restauração na arquitetura brasileira, a qual desembocará em obras primas, desde a Pinacoteca do Estado em São Paulo, reconversão de uso projetada por Paulo Mendes da Rocha, Eduardo Colonelli e Weliton Ricoy Torres, até as intervenções dos discípulos de Lina Bo Bardi, os arquitetos Marcelo Ferraz e Francisco Fanucci. Porém, isso já não se mostra no livro, pois, ao final, mais do que desenvolver as pontas soltas, aos autoras retomam seus dois mestres mais internacionais: Niemeyer e Mendes da Rocha.

Trata-se, enfim, de uma obra sumamente equilibrada. Para isto contribui sua redação alternada entre duas pessoas: há um equilíbrio na análise das obras e na explicação das teorias e publicações coetâneas, um sutil enlace de continuidades e descontinuidades, uma rica combinação de objetos arquitetônicos e de planos urbanísticos, um bom contraponto de obras monumentais singulares e repetitivos conjuntos habitacionais, uma contínua construção de diálogos alternados – Lina Bo Bardi com Affonso Eduardo Reidy, Paulo Mendes da Rocha com João Vilanova Artigas. Contudo, se a escritura a quatro mãos torna o livro tão rico e dialético, também traz algumas repetições, como quando se recupera o fio da meada de certos autores ao longo do livro, levando a algumas ausências, como o paisagismo de Roberto Burle Marx, pouco presente, ou o urbanismo recente do Rio, com programas como o "Favela Bairro".

Sem lhes dar peso excessivo – afinal, o livro é muito brasileiro –, o texto incorpora as influências internacionais mais significativas na arquitetura brasileira. Primeiro, as de Wright, Mies e Le Corbusier e, mais tarde, as de Louis Kahn e do Team X, deixando clara a grande capacidade de transformá-las, substituí-las e sintetizá-las. Cita-se a proximidade com a obra do uruguaio Eladio Dieste, mas, talvez, tenham faltado outras referências a influências próximas, caso do argentino

Amancio Williams. De qualquer modo, há uma forte vontade de explicar as alterâncias da arquitetura brasileira dentro do panorama latino-americano, especialmente nos anos 1980, a partir da criação dos Seminários de Arquitetura Latino-Americana – SAL e da influência das interpretações de Marina Waisman e de Christian Fernández Cox.

As autoras desentendem-se na relação direta e unívoca entre arquitetura e política, uma reação geracional à forte politização do pensamento arquitetônico dos anos 1960. Não obstante, no seu texto transparecem com frequência os interesses políticos e produtivos que há por detrás de muitas obras públicas.

Na linha de uma crítica de arquitetura não alienada, que explica a arquitetura como evolução contínua e dialética, a contribuição de Maria Alice Junqueira Bastos e Ruth Zein pode significar, no campo da crítica, a melhor continuidade que se pode obter da sábia contribuição de Lina Bo Bardi: a ruptura com as interpretações mais mistificadoras e redutoras e a continuidade com a grande riqueza da teoria e da obra arquitetônicas no Brasil.

21. Paola Berenstein Jacques, *Estética da ginga. A arquitetura das favelas através da obra de Hélio Oiticica*, Rio de Janeiro, 2001

Em seu livro *Estética da ginga*, a arquiteta e teórica brasileira Paola Berenstein Jacques realiza uma análise das favelas, entendidas como arquitetura vernácula ou não-arquitetura, em relação às ações artísticas de Hélio Oiticica e aos movimentos corporais do samba. Formada em Paris no pós-estruturalismo francês de Deleuze e Guattari,

Paola Berenstein representa a recepção desse pensamento crítico na América Latina. Berenstein, além disso, é especialista no movimento situacionista e nas novas teorias e práticas do corpo no cenário urbano.

No início do livro, Paola Berenstein esclarece que não pretende estudar as formas, mas os processos transformadores, ultrapassando a esfera do formal para alcançar o conceitual. Neste sentido, Oiticica também se interessou muito mais pelos processos do que pelas formas.

Dentro dessa leitura pós-estruturalista, Paola Berenstein sugere que as favelas do Rio de Janeiro e de Salvador podem ser interpretadas, enquanto formas e processos, em três escalas.

Na pequena escala, como abrigo mínimo, temporário e evolutivo, o barraco é uma colagem de fragmentos, de materiais heterogêneos reciclados. Trata-se de uma prática fragmentária que segue a lógica da bricolagem conceituada por Claude Lévi-Strauss. Trata-se de um abrigo, que pode converter-se em moradia.

Em uma escala intermediária, a aglomeração das favelas se configura como labirintos, não como os geometrizados do Renascimento ou das fantasias de Jorge Luis Borges, mas como labirintos caóticos e barrocos, nos quais não é possível entrar e sair sem guia. Uma conformação labiríntica, que segue uma lógica fragmentária onde tudo contraria a noção de unidade. Portanto, uma das formas para se entender as favelas é desenvolver cartografias temporais. Como derivação, demonstra-se que a disciplina urbanística tradicional teve, precisamente, o objetivo de impedir a experiência labiríntica urbana.

Por sua vez, em grande escala, a forma urbana da favela, que cresce como trepadeira ou arbusto em fendas, terrenos baldios, ladeiras de montanhas e vales, e remete aos rizomas como forma gerada pelo processo de crescimento espontâneo, em contínua transformação. Aqui, Paola Berenstein convoca diretamente o conceito de rizoma definido em 1976 por Gilles Deleuze e Félix Guattari e publicado no livro *Mil platôs* de 1980. O rizoma não tem uma imagem precisa, importando mais o processo do que a imagem formal; ele é propriamente movimento, germinação, crescimento e ímpeto. Paola Berenstein explicita os pressupostos dos rizomas definidos por Deleuze e Guattari: conexão e heterogeneidade, multiplicidade, ruptura assignificante, cartografia e decalcomania.

Uma contribuição brilhante de Paola Berenstein graças a seu conhecimento do ambiente cultural parisiense foi estabelecer relações entre o conceito pós-estruturalista de rizoma e a ideia e os projetos de "jardins em movimento", de Gilles Clément.

No epílogo, Paola Berenstein convoca a ideia de espaço-movimento de Bergson. É por esse motivo que se necessita de um novo arquiteto urbano, especialista em espaços em movimento, capaz de suscitar, traduzir e catalisar os desejos dos habitantes em situações urbanas já consolidadas e com identidade própria como as favelas, realizando um trabalho coletivo e anônimo. Assim, Paola Berenstein converge ideias dos situacionistas, teorias urbanas de Henri Lefebvre e imaginações de Hundertwasser, defendendo cartografias, micro-intervenções e a construção de situações, opondo-se ao urbanismo contemporâneo da tábula rasa e a um tipo de crítica demiúrgica que segue enaltecendo a figura tradicional do arquiteto. Esse outro arquiteto urbano "proporia o outro no lugar do mesmo, a alteridade no lugar da generalidade, a participação no lugar do espetáculo, o movimento no lugar do monumento, a improvisação no lugar do projeto, a deriva no lugar do mapa, o fragmento no lugar da unidade, o labirinto no lugar da pirâmide, o rizoma no lugar da árvore..."

Coleção RG Bolso

01. Abilio Guerra (org.). *Textos fundamentais sobre história da arquitetura moderna brasileira. Parte 1.* Textos de Carlos Alberto Ferreira Martins, Carlos Eduardo Dias Comas, Lauro Cavalcanti, Luis Espallargas Gimenez, Margareth da Silva Pereira, Renato Anelli, Ruth Verde Zein, Silvana Barbosa Rubino e Sophia S. Telles.

02. Abilio Guerra (org.). *Textos fundamentais sobre história da arquitetura moderna brasileira. Parte 2.* Textos de Abilio Guerra, Carlos Alberto Ferreira Martins, Carlos Eduardo Dias Comas, Claudia Shmidt, Edson Mahfuz, Fernando Aliata, Hugo Segawa, Jorge Czajkowski, Jorge Francisco Liernur, Margareth da Silva Pereira, Maria Beatriz de Camargo Aranha, Nabil Bonduki, Olívia Oliveira, Otília Beatriz Fiori Arantes, Paul Meurs e Renato Anelli.

03. Abilio Guerra. *O primitivismo em Mário de Andrade, Oswald de Andrade e Raul Bopp. Origem e conformação no universo intelectual brasileiro.*

04. François Ascher. *Os novos princípios do urbanismo.*

05. Eduardo Subirats. *A existência sitiada.*

06. Angelo Bucci. São Paulo, *razões de arquitetura. Da dissolução dos edifícios e de como atravessar paredes.*

07. Denise Antonucci, Angélica Benatti Alvim, Silvana Zioni e Volia Costa Kato. *UN-Habitat: das declarações aos compromissos.*

08. Josep Maria Montaner. *Arquitetura e crítica na América Latina.*

Este livro foi composto em Fairfield LT Std e Whitney HTF.
Impresso em papel Offset 75g.